W

Ingeborg Jäger

Senegal
   und meine Seele singt und tanzt

Wiesenburg-Verlag

Bibliographische Information der Deutschen Nationalbibliothek:
Die Deutsche Nationalbibliothek verzeichnet diese Publikation
in der Deutschen Nationalbibliographie;
detaillierte bibliographische Daten sind im Internet
über http://dnb.d-nb.de abrufbar.

1. Auflage 2012
Wiesenburg Verlag
Postfach 4410 · 97412 Schweinfurt
www.wiesenburgverlag.de

Alle Rechte beim Verlag

Coverfoto: Ruth Stoltenberg
sämtliche Fotos im Buchinnenteil: © Ingeborg Jäger
© Ruth Stoltenberg Fotografie
Porträtfoto Buchrückseite: Lisa Oppermann
sämtliche Lieder: © Ingeborg Jäger

© Wiesenburg Verlag

ISBN 978-3-943528-09-1

für
Alex, Ira und Elisabeth

«Wir sind alle Musik,
die von unserem Schicksal vorgetragen wird.
Jeder trägt einen Schlüssel in sich,
den er zu entziffern versteht oder nicht.
Das Glück erlangt man nur
über den Einklang seines Wesens
mit dem Ton, der es ausdrückt.»[1]

Pierre Barbizet

Chanson

Le jour ne s'lève pas seul
Le jour se lève ensemble
Soyons unis, la vie en liberté

Le jour ne s'lève pas seul
Le jour se lève ensemble
Soyons unis au nom de DIEU

Ouvrons nos cœurs à la paix
À l'amour sans regret

La beauté de la vie
Illuminée par DIEU
Légère comme un oiseau
Qui vole au-dessus de l'eau
C'est toi qui nous connais
Nos chemins et destins
Nos cœurs vers ton regard
Font chaque jour un petit pas

Ouvrons nos cœurs à la paix
À l'amour de DIEU

Tous les artistes du monde
Leurs idées, créations
Réussirons un jour
Avec ton amour
Nos cœurs vers ton regard
Font chaque jour un petit pas

N'oublierons jamais
De dire merci à toi

Ingeborg Jäger – Senegal 2006

VORWORT

Wenn ich als Kind an Afrika dachte, erschlossen sich mir endlos weite Landschaften mit großen Tierherden, die in freier Wildbahn lebten. Und immer wenn ich afrikanische Rhythmen hörte, wurde eine tiefe, innere Sehnsucht in mir geweckt. Die afrikanische Musik schien mir seltsam vertraut und ich wünschte mir, sie eines Tages entdecken zu können.

Mehr als drei Jahrzehnte später bot sich mir die wunderbare Gelegenheit, mit einheimischen, senegalesischen Tänzerinnen und Musikern zusammenzuarbeiten. Ich erlebte eines der intensivsten Projekte meines Lebens!

Die Liebe zu der westafrikanischen Musik ließ mich nach einem weiteren halben Jahr zu einer zweiten, längeren Reise in den Senegal aufbrechen, einer Recherche über die traditionelle Musik. Ich sammelte viele Lieder und Rhythmen der unterschiedlichsten Regionen des Landes.

Die Musik wirkt in allen Ländern Afrikas ganz natürlich in den Alltag der Menschen hinein. Musik und Tanz sind dort untrennbar miteinander verbunden. Täglich erhielt ich neue Impulse für meinen musikpädagogischen Ansatz, die vielen Aspekte der Musik mittels Bewegung und Sprache als etwas Lebendiges erfahrbar und sichtbar zu machen.

In diesem Buch werden meine persönlichen Begegnungen zu den Einheimischen, von denen ich die vorliegenden traditionellen Lieder erlernte, mit Momenten der unmittelbaren und quirligen Welt des „afrikanischen Augenblicks" verwoben. Dabei wechseln kraftvolle Farben und Bilder mit feurigbunten Gewändern und köstlichen Geschmäcken ab. Unvergesslich bleiben wird mir der Geruch nach salziger Luft, nach Sonne, nach Meer und einem großen Stück Freiheit.

Die Reisen in den Senegal haben mein Wesen verändert, mir die Liebe zu den Menschen dort sowie zu ihrer Kultur und dem reichen Schatz traditioneller Lieder geschenkt.

Meine Seele begann in Afrika zu singen und zu tanzen.

Ich danke allen Künstlern und Freunden, die mich auf diesem Weg begleitet haben.

Ingeborg Jäger, im Frühjahr 2012

Anmerkung: Wenn ich von Tänzern, Künstlern und Musikern spreche, so erleichtert dies den Schreibfluss. Tänzerinnen und Künstlerinnen sind selbstverständlich genauso mit eingeschlossen, auch wenn ich dies nicht ausdrücklich hervorhebe.

WIE ALLES ANFING

In meinem Inneren begann meine Reise nach Afrika bereits im Sommer 2004. Es war an einem sehr warmen Tag im Juli – ich erinnere mich an diesen Tag, als hätte ich ihn gestern erst erlebt. Ich erhielt eine Zusage für ein dreimonatiges Musikstipendium im Senegal. Schon während der Bewerbung verspürte ich eine unglaubliche Vorfreude, die begleitet wurde von einer inneren Ahnung, dass dieses Projekt wie für mich geschaffen sei: Gesucht wurde eine professionelle Sängerin mit langjähriger pädagogischer Erfahrung und Bühnenpräsenz, die innerhalb von drei Monaten ein Konzertprogramm mit einheimischen Tänzerinnen und Musikern realisiert. Das Spiel der Querflöte wurde erwünscht und das fließende Sprechen der französischen Sprache vorausgesetzt.

Diese einmalige Chance, mit afrikanischen Musikern und Tänzerinnen zusammenarbeiten zu können, traf mich mitten ins Herz! Voller Neugier schaute ich mir im Internet die einladenden Fotos des 50 km südlich von Dakar gelegenen Kulturzentrums *Espace Sobobadé* an und war gleich verzaubert von der verspielten Architektur mit ihren geschwungenen Bögen, den mit Mosaiken und Muscheln bespickten Türmen und einem endlos weiten Blick auf den Atlantik.

Traum oder Wirklichkeit?

Es war real!

Kennen Sie das Gefühl, dass ein Traum plötzlich wahr wird? Diese unglaubliche Leichtigkeit des Seins, die von einem Moment auf den anderen einfach *da* und nicht mehr rückgängig zu machen ist sowie diese Weite im Körper, so als sei die Wirbelsäule mit vielen Luftpolstern gestreckt, als bekäme der Körper gleich einem Ballon im Inneren unendlich viel Raum zum Atmen, zum *Sein*. So muss sich Fliegen anfühlen...

Singen hält mich lebendig, lässt mich „mich vergessen", erfüllt mich seit meiner Kindheit – als spräche eine innere, zweite Stimme zu mir, als sei ich im Dialog mit mir selbst, mit mir im Einklang schwingend. Bis heute hat mich das Singen getragen, gestützt und fühlen lassen, dass ich *bin*. Es ist, als sei diese Schwingung meines Körpers ein unmittelbarer Ausdruck meiner Seele, der hörbar, spürbar und lebendig in mir wird.

Jede Stimme dieser Welt ist einzig, unverwechselbar und besonders. Manchmal wünschte ich mir, dass jeder Mensch in diesen Genuss kommen könnte, zu singen – frei weg, was ihm gerade in den Sinn kommt: ein Lied, eine Melodie, einen Ton, ganz egal.

Ich habe in vielen unterschiedlichen Chören gesungen, und jedes Mal erlebte ich dieses intensive Miteinander, diesen starken Zusammenklang von Stimmen anders. Manchmal sah ich ganz unterschiedlich schillernde, bunte Glasperlen vor meinen Augen und empfand mich als winzigen Teil des Ganzen. Dabei lauschte ich auch in die „Töne zwischen den Tönen" und spürte unmittelbar in die Atmosphäre hinein, die mich umgab. Dann nahm ich mich selbst als eine der vielen schwingenden und klingenden Perlen dieser Klangkette wahr!

So fliege ich ein paar Monate später nach Dakar, mit der Vorstellung, dass sich unsere Stimmen wie in einem bunten Klangperlenspiel beggnen und dass wir ein Programm entwickeln werden, das jedem Einzelnen Raum lässt mit seiner Art des Singens. Es wird ein Mosaik entstehen in buntschillernden Farben, beruhend auf neuen stimmlichen Erfahrungen.

Dezember 2004 bis März 2005:

Eine Grundidee kristallisiert sich immer mehr heraus: Ich möchte eine musikalische Brücke zwischen meiner und der westafrikanischen Kultur schlagen. Dabei soll die Stimme im Mittelpunkt der künstlerischen Arbeit stehen. Es liegt mir schon viele Jahre am Herzen, das Singen mit Bewegungsgesten zu begleiten, es dadurch mit mehr Leben zu füllen, sodass das Gesungene nicht nur hörbar, sondern gleichzeitig auch sichtbar wird. Dieses Projekt schenkt mir die Möglichkeit, es auszuprobieren.

Viele Fragen plagen mich in den nächsten Wochen: Was nehme ich mit auf die Reise, muss ich mich impfen lassen? Welche Medikamente sind wichtig? Wie ist das Klima dort, das Essen? Welche Sprache wird neben Französisch gesprochen? Welches Notenmaterial nehme ich mit? Habe ich alle nötigen Papiere?

Nachdem meine Schulleiterin mir für die drei Monate unbezahlten Urlaub gegeben hat, stelle ich Listen zusammen mit den wesentlichen Dingen, hake eins nach dem andern ab, trage Flügel und weiß, dass alles gut gehen wird. Manche Freunde warnen mich vor Krankheiten: Würmer, Malaria, Infektionen...
Ich lasse mich nicht abschrecken, habe keine Angst, fühle mich gesundheitlich ganz fit. Dann checke ich die Liste noch ein letztes Mal durch: Reisepapiere, Geld, Schecks, Tagebuch, Sonnenbrille, Sonnencreme, kleine Apotheke, ein paar Klamotten, Sandalen, feste Schuhe, Noten, meine Querflöte, Geschenke für die Kinder.

Und dann steht mein kleiner blauer Koffer fertig gepackt vor mir. Die innere Freude ist um ein Vielfaches gewachsen. Ich fühle mich gut, bereit, voller Tatendrang. Am Flughafen in Hamburg nochmals ein letzter Blick zu meiner Schwester Cordula, wir winken uns zu. Herzklopfen, Freude, Neugier, Spannung, alles wirbelt in mir durcheinander. Bis nach Brüssel bin ich eine von vielen Europäerinnen im Flugzeug, doch in der Maschine nach Dakar eine von ganz, ganz wenigen...

ANKOMMEN

Und dann ist er da, der Moment des Ankommens in Dakar am Flughafen mit dem Einbruch der Nacht. Ich hatte vereinbart, dass ich einen Strohhut tragen würde. Viele Formalitäten am Zoll, meinen Aufenthalt betreffend. Ich bestaune die wunderschönen afrikanischen Frauen, die mir im Flieger schon auffielen mit ihren hauchfein geflochtenen Zöpfen und Perlen im Haar, mit ihren bunten Tüchern und dezentem Schmuck. Mit der ein oder anderen wechsle ich respektvolle und neugierige Blicke. *„Bienvenue au Sénégal!"*, begrüße ich mich selbst. Und dann geht sie auf, die Tür vom Flughafen nach draußen. Ich spüre die Hitze des Tages, die sich mir wie eine Wand entgegenstellt, und sehe eine breite Masse von Afrikanern, hauptsächlich Männer – die auf den ersten Blick alle ähnlich aussehen –, und schaue an ihnen entlang. Manche wollen sofort mein Gepäck nehmen, doch ich lehne dankend ab: *„Non merci, ca va!"*

Französisch, fast zwanzig Jahre hab ich's kaum gesprochen, doch in den vergangenen Monaten intensivst mit meiner Freundin Karin trainiert. Hunderte von Wörtern schaute ich im Wörterbuch nach. Wörter und Beschreibungen, die im Zusammenhang mit der Stimmarbeit stehen: Lungenanteile im Rücken, Kehlkopf, Zwerchfell, Nasenatmung und all die detaillierten Umschreibungen einer Methode, die ich entwickelt habe.

In der Menge am Flughafen entdecke ich schließlich ein kleines Schild mit meinem Namen: *Inge Jäger*. Ich winke und ziehe meinen Koffer in die Richtung eines kleinen Mannes, der mir nun zurückwinkt und mich von Weitem anlächelt. Er ist der Chauffeur des Kulturzentrums Espace Sobobadé und begrüßt mich herzlich, als ich vor ihm stehe: *„Bonjour, je suis Inge",* entgegne ich.

Wir entfernen uns vom Menschengetümmel zum Wagen. Ich bin glücklich. Und vom ersten Moment an empfinde ich Warmherzigkeit, Offenheit, kaum Fremdheit!

Es ist Nacht und die Straßen sind überfüllt mit Menschen, die sich auf die im Stau nur langsam vorankommenden Autos zubewegen und Essen verkaufen: Bananen, Melonen, Kekse, Erdnüsse. Alle Frauen tragen bunte, lange Gewänder in kräftigen, fast grellen Farben.

Irgendwann wird es auf der Straße ruhiger.

Es kommt mir vor, als gäbe es nur diese eine Straße weit und breit – nur ab und zu ein Kreisel, eine Hauptkreuzung. Nach etwa zwei Stunden biegen wir rechts ab. Die Straße wird sehr unwegsam, Schlaglöcher tauchen auf. Wir fahren im Slalom um sie herum. Ich erkenne Hunderte von Affenbrotbäumen, die im Scheinwerferlicht den Weg säumen. *„Ce sont des Baobabs",* sagt der Chauffeur. *„Il y en a beaucoup ici au Sénégal."* Oh ja, es sind viele! Staunen, Neugier. Ich bin aufgeregt und dankbar. Dann erahne ich das Meer. Es sei nicht weit entfernt, meint Babacar. Sterne funkeln am Himmel, und in den Dörfern, die wir durchqueren, laufen noch Kinder auf der Straße umher. Tiere kreuzen den Weg. Die Menschen sitzen vor ihren Häusern, als sei es Tag. Sie sind ins Gespräch vertieft, streifen unseren Blick, als wir vorbeifahren.

Ich bin in Afrika – zum ersten Mal in meinem Leben –, und ich ahne noch nicht, dass meine Reise mich wieder und wieder hierher zurückführen wird.

Von Natur aus liebe ich es, barfuß zu laufen, den unmittelbaren Kontakt mit der Erde, den Boden unter den Füßen zu spüren. Sonne auf meiner Haut stimmt mich leicht und froh, ich mag lichtdurchflutete Räume.

Die Nähe zum Atlantik und der lange Strand fangen diese Sehnsucht gleich am nächsten Tag auf. Bei den strahlenden Sommertemperaturen vergesse ich schnell, dass es gerade Dezember ist, Winter in Deutschland! Übrigens wird die Zeit von November bis April in allen Reiseführern als ideale Reisezeit für Westafrika empfohlen.

CENTRE CULTUREL ESPACE SOBOBADÉ

Ich lerne die Besitzer des Kulturzentrums noch am gleichen Abend kennen: Monsieur Gérard Chenet, Bildhauer und Schriftsteller aus Haiti, der das ganze Zentrum architektonisch entworfen hat, und Madame Sylvie, eine Französin, die alle organisatorischen Fäden des kleinen Hotels zusammenhält. Man zeigt mir mein Zimmer mit rotbraun gefärbten Lehmwänden, einer kleinen Dusche, einem Bett und einem Tisch. Gardinen, Duschvorhang und Bettbezug sind in feurigen Farben gebatikt, sehr einladend! In der Küche hat man mir etwas zu essen zurückstellen lassen und ich verspüre einen riesigen Appetit. Es ist schon Nacht. Ich sitze mit Herrn Chenet in einer Art Laube und höre das Meer rauschen. Vor Aufregung kann ich kaum etwas essen und es ärgert mich sehr, dass mir die französischen Worte, die ich sagen möchte, nur zögernd einfallen. Die französische Sprache scheint meinen Gedanken vollkommen hinterherzuhinken. Nur langsam kehrt Ruhe in meine Aufgeregtheit und dann finde ich sie wieder, die Vokabeln, die sich über so viele Jahre in meinem Kopf ausruhten. Sie sprudeln ganz plötzlich aus mir heraus, konkret und klar, so als hätten sie lange auf diesen Augenblick gewartet. Ich wünsche eine gute Nacht und kehre in mein Zimmer zurück.

Am nächsten Tag erkunde ich die Gegend, laufe am Meer entlang, lerne einen großen Teil des Personals kennen. Die Frauen sind einheitlich traditionell gekleidet und begrüßen mich mit einer lebendigen Herzlichkeit.

Am Abend des zweiten Tages steht die erste Begegnung mit den Künstlern bevor. Die Hitze des Tages legt sich ein wenig, vom Meer kommt etwas Wind auf, und wir treffen uns in einem kleinen Theater unter freiem Himmel, mein täglicher „Proberaum" für die kommende Zeit, wie ich erfahre.

Mit Herzklopfen blicke ich in freundliche, offene Gesichter. Ich begrüße rund zwölf Tänzerinnen und Musiker, stelle mich kurz vor und erläutere meine Idee für die kommenden Wochen: Ich möchte ihnen Lieder meiner Kultur vermitteln, auch mehrstimmig mit ihnen singen und das Singen grundsätzlich mit Bewegungsgesten begleiten. Dann stellen die Künstler sich mit Namen vor, und ich frage, ob sie mit mir mit einem *réchauffement* (einem Aufwärmen der Stimme) beginnen möchten. Alle stimmen zu, sind aufmerksam und zugewandt. Mein Puls geht schnell, doch ich freue mich, in so neugierige Gesichter zu blicken. Nach den Übungen teile ich allen mit, wie sehr ich mich auch auf die Lieder ihrer Kultur freuen würde. Nur ein Lied sei mir vertraut, das mit Touré Kunda bekannt gewordene *Fatou Yo*. Spontan beginne ich es zu singen.

Hier das Lied, mit dem mein erster Kontakt zu den Künstlern gelang. Es geht um Fatou Faye. Sie wird von vielen Jungen umschwärmt und alle tanzen mit ihr zum Rhythmus des Sikko. Dabei bilden die Jungen und Mädchen eine lange Schlange und bewegen sich in wiegenden Schritten vorwärts. Die rechte Hand zeigt dabei zum Himmel und die linke umfasst die Taille des vorderen Tänzers, der vorderen Tänzerin.

Auf dem folgenden Foto sehen Sie die TänzerInnen Fatou, Rachel, Yamma, Désirée und Alpha.

Fatou Yo

Alle singen mit, bewegen sich kreuz und quer durcheinander und heißen mich mit ihren Blicken willkommen. Jede Scheu und Angst in mir weicht in diesem Augenblick. Wir gehen auseinander und verabreden eine Zeit für den kommenden Tag.

Da sind sie nachts vor meinen Augen: Fatou, Tutti, Yamma, Désirée, Alpha, Rachel, Astou, Mbarou, Marget, Rose, Libas, Ibou, Abdou, Dialli und Abdoulaye. Ich lausche dem fernen Rauschen des Meeres, Hammel laufen blökend durch die Straßen, schreiende Kinder sind zu hören, Esel, die in der Nacht rufen. So viele Bilder, Gerüche, die ich aufsauge. Dann werde ich morgens sehr früh vom Gesang des Muezzin geweckt, sitze senkrecht im Bett! Ich bin aufgeregt, wie sich alles entwickeln wird.

An einem der kommenden Tage gehen einige Tänzerinnen mit mir am Strand entlang, und als wir das populäre *Fatou Yo* erneut zu singen beginnen, kommen Kinder auf uns zugestürmt und stimmen in einen Refrain des Liedes ein, den ich unmittelbar erlerne: *Butumbélé, butumbélé.* Sie bilden mit uns einen Kreis, drehen meine Handflächen fix so, wie es ihnen vertraut ist (eine Handfläche zeigt nach oben, die andere nach unten) und legen los. Der Beat, den sie beim Refrain klatschen, geht gegen den Melodierhythmus und ich komme gleich ins Straucheln, probiere es wieder, vergeblich! Die Kinder klatschen es mir noch einmal vor, bis ich mich wieder einklinke, und diesmal klappt es besser. Sie lachen und laufen winkend davon. Die spielende Leichtigkeit, mit der sie sich bewegen und dazu singen, beeindruckt mich sehr.

Gehe ich den Atlantik weiter in südliche Richtung am Strand entlang, fallen mir die bunten Pirogen gleich ins Auge. Große und kleine Fischerboote säumen das weite Ufer. Die meisten Familien, die hier an der Küste wohnen, leben vom Fischfang. Mit dem Sonnenaufgang wagen sich die Fischer hinaus aufs Meer und werfen ihre Netze aus. Immer wieder sehe ich Trauben von Menschen, die sich um die ankommenden Pirogen versammeln. Sie warten auf den frischen Fisch.

Das Rauschen des Meeres begleitet mich jeden Tag – welch unglaubliche Energiequelle. Ich liebe den endlos weiten Blick zum Horizont. Manchmal löst sich die blaue Linie zwischen Wasser und Himmel vollkommen auf.

Ich bin barfuß unterwegs und genieße es, die Füße im Sand oder auf der warmen Erde zu spüren. Es kommt vor, dass ich meine Sandalen überall suchen muss, weil ich mich nicht mehr entsinne, wo und wann ich sie zuletzt getragen habe.

TROMMELRHYTHMEN

Egal wo ich bin, ich höre Trommeln aus allen Himmelsrichtungen, nicht nur im Kulturzentrum, nein, überall im Dorf, am Strand. Der Wind trägt die Rhythmen von weither an meine Ohren. Sie begleiten mich überallhin. Ob Djembé oder Sabar, Kenkeni (kleine Basstrommel), Sangban (mittlere Basstrommel) oder Dununba (große Basstrommel) – meistens spielt ein ganzes Trommelensemble zusammen. Typisch solistisch treten die Djembé und die Sabar hervor. Letztere wird mit einer flachen Hand und einem kleinen, gertenartigen Stock in der anderen Hand gespielt. Stehe ich zu dicht daneben, halte ich die Lautstärke der Rhythmen kaum aus. Auch die Basstrommeln sind über Kilometer hinweg zu hören.

Im Ensemble hat der Basstrommler zwei Aufgaben: Mit der rechten Hand spielt er die Bassrhythmen auf zwei bis drei Trommeln (Kenkeni, Sangban und Dununba haben jeweils unterschiedliche Tonhöhen) und mit der linken wiederholt er metronomgenau ein asymmetrisches, rhythmisches Motiv (ein sogenanntes *time-line pattern*). Dabei schlägt er mit einem kleinen Eisenstab auf eine Metallstange, die am oberen Rand der Kenkeni befestigt ist.

Die Musiker bauen die Instrumente zum Teil selbst. Ich sehe mehrmals zu, wie eine Djembé entsteht. Darin steckt unglaublich viel Arbeit.

Oft lausche ich den Proben der Musiker, beginne frei zu tanzen, versuche mich sogar in traditionellen Tanzschritten. Die Tänzerinnen laden mich immer wieder dazu ein, doch ich bin keine gute Schülerin. Wenn es nur die Schritte wären, nein, der ganze Oberkörper geht schwungvoll mit, die Arme schwingen zum Teil entgegengesetzt, der Kopf wird manchmal weit in den Nacken geworfen. Die Körper dieser Afrikanerinnen scheinen sich in alle Richtungen biegen zu können, geschmeidig und locker. Ich kann anfangs nur einer Bewegung folgen und baue dann die anderen nach und nach auf.

Einer der vielen Künstler im Dorf, Moussa, lehrt mich ein Lied aus seiner Heimat, während wir einen *ataya,* einen typisch senegalesischen Tee trinken.

Eja yé ntengkérenta

EJA YÉ NTENGKÉRENTA

aus der Casamance

Eja yé ntengkérenta, eja yé ntengkérenta
Kuttiro bé kumala
Duto kotto ntulo ba moyela niata diella
Eja yé ntengkérenta

Eja yé, die Trommeln klingen. Meine Ohren hören sie von weit her, doch meine Augen können sie nicht sehen.

Appell der Djembé:

einfacher Begleitrhythmus:

Variante:

für etwas geübtere Trommler:

Dieses Lied ist sehr spritzig und eingängig. Es wird in einem zügigen Tempo gesungen. Ich brachte es auch den Tänzerinnen und Musikern bei. Sie nahmen es mit großer Begeisterung in ihr Repertoire auf und setzten es unmittelbar in Bewegung um. Wir bildeten dabei zwei Gesangsgruppen und der Call–Response steigerte sich in ein immer schneller werdendes Tempo.

CALL	RESPONSE
Eja yé ntengkérenta	*Eja yé ntengkérenta*
Kuttiro bé kumala duto kotto	*Ntulo ba moyela niata diella*
Eja yé ntengkérenta	
	Eja yé ntengkérenta
Eja yé ntengkérenta	*Kuttiro bé kumala duto kotto*
Ntulo ba moyela niata diella	*Eja yé ntengkérenta*

Hier eine Idee für das Erlernen in einer Gruppe:
Teilen Sie die Gruppe in zwei Hälften (Jungen und Mädchen bzw. Frauen- und Männerstimmen). Nun singen sich beide Gruppen die einzelnen Liedzeilen wechselseitig zu, wie ich es oben aufgeführt habe. Am Ende des Liedes angekommen, beginnt nun die *zweite* Gruppe von vorn, bildet damit den Call-Gesang und führt die andere Gruppe an. Eine typisch afrikanische Aufführungspraxis ist die des *solistischen* Call-Gesangs, dem die ganze Gruppe im Response folgt.

Ist das Lied allen vertraut, können die Motive in noch rascherem Wechsel gesungen werden:

CALL	RESPONSE
Eja yé	*ntengkérenta*
Eja yé	*ntengkérenta*
Kuttiro bé kumala	*duto kotto*
Ntulo ba moyela	*niata diella*
Eja yé	*ntengkérenta*

Meine Idee des Aufteilens der Gruppe in männliche und weibliche Stimmen unterstreicht den Call- und Response-Part besonders durch die unterschiedlichen Klangfarben der Stimmen.
Die Djembé gibt nach afrikanischer Tradition einen Appell (ein rhythmisches Signal) vorweg, und dann setzt das Lied ein. Bei den oben aufgeführten Begleitrhythmen werden die betonten Notenwerte in der Mitte des Fells angeschlagen, dem sogenannten *Bass-Schlag*. Die anderen werden als *Slap-Schläge* im Wechsel der Hände am vorderen Trommelrand gespielt.

Beim gemeinsamen Singen mit den Tänzerinnen steigerten wir uns in ein enormes Tempo und das Wechseln der Motive gelang mithilfe großer Armgesten und mit einladenden Blicken.
Dieses Spielen mit der Melodie, das Ausprobieren und Spontanseinkönnen ist etwas, das mir in Deutschland eher selten gelingt. In den Fortbildungen, die ich leite, kitzle ich diese Spontaneität erst nach und nach aus den Teilnehmern heraus. Die Grundschulkinder lassen sich eher frei und ungezwungen darauf ein. Uns Erwachsenen geht diese Spontaneität leider mehr und mehr verloren und es fällt uns immer schwerer, uns auf eine unmittelbare Improvisation einzulassen.
Im Senegal konnte ich diese kindliche Ungezwungenheit wieder erleben, was ich in freien Zügen genoss!

LAMBARENA – Bach to Africa

Die Tänzerinnen und Musiker erzählen mir, dass ich die erste Künstlerin sei, die stimmlich mit ihnen arbeite. Seit vielen Jahren kämen Choreografen aus der ganzen Welt für drei Monate, doch eine Begegnung wie diese sei ganz neu für alle. Ich bin verwundert, denn alle machen so selbstverständlich und intensiv mit, probieren aus, setzen die Übungen unmittelbar um, versuchen ihre Stimmen, die recht kehlig und heiser klingen, etwas sanfter und schonender zu behandeln. Ein innerer Konflikt packt mich immer wieder, nämlich der, ihnen ihre traditionelle, natürliche Stimme genauso lassen zu wollen, wie sie ist, ohne Veränderung, Einmischen, Umgewöhnung. Alle haben eine schnelle Auffassungsgabe, und mit den Wochen signalisieren sie mir ein entspannteres Gefühl beim Singen.

Die meisten beginnen zum ersten Mal mehrstimmig zu singen und sind motiviert, wollen mit mir auf diesem Weg weiterarbeiten. Okay! Ich arrangiere ein paar Stücke, kreiere Melodien, versehe mir bekannte Spirituals mit neuen Texten in Wolof.

Ein dreistimmiger Satz des bekannten *Sometimes I feel like a motherless child* gelingt ihnen trotz mancher Dissonanzen, und ich merke, dass die Tänzerinnen gerade die Stellen mögen, die Spannung in das Spiritual bringen. Ich besetze es schließlich mit einem Solopart für Roselyne, eine Choreografin, die aus dem Kongo stammt. Sie hat eine warme, ausdrucksvolle Stimme, und ich gebe ihr zusätzlich Einzelstunden zum eigenen Ausprobieren und selbstständigen Arbeiten. Die anderen summen den Backround, eine gelungene Besetzung, die wieder eine neue Farbkomponente ins Programm bringen wird. Die Musiker gesellen sich manchmal dazu, lauschen und mischen sich ein wenig mit ihren Instrumenten ein.

Eine wunderbare Idee kommt mir: die Melodie des AIR der Orchestersuite Nr. 3 in D-Dur von Johann Sebastian Bach mit traditionellen Sabar-Rhythmen zu unterlegen. Ich bin fasziniert, als einer der Solotrommler sich auf dieses Experiment mit mir einlässt. Erst empfindet er den stark geprägten 4er-Takt als nicht mit seinen Rhythmen vereinbar, doch nach und nach – als ich ihn bitte, einfach weiterzuspielen, egal wie schräg und unpassend er es auch empfinden möge – öffnet er sich und begleitet die langen Haltetöne mit unglaublich lebendigen traditionellen, westafrikanischen Rhythmen. Mir stehen die Tränen in den Augen.

An dieser Stelle empfehle ich Ihnen die CD *Lambarena – Bach to Africa,* eine Aufnahme, die dem Wirken Albert Schweitzers in Gabun (in Lambarene) gewidmet ist.

Albert Schweitzer war ein exzellenter Organist und Bach-Interpret und als er sich entschied, als Tropenmediziner ein „Urwaldspital" für Leprakranke in Gabun zu gründen, erklangen die Orgelwerke J.S. Bachs schließlich in Zentralafrika! Er spielte sie auf einem eigens angefertigten, tropenfesten Klavier mit Orgelpedal.

In dieser Aufnahme werden Ausschnitte unterschiedlichster Werke Bachs mit traditionellen Liedern und Rhythmen aus Gabun unterlegt. Die naturbelassenen Stimmen der Einheimischen fügen sich auf wunderbare Weise in die barocke Musik ein. Auch die traditionellen Rhythmen verschmelzen regelrecht mit den Werkausschnitten J.S. Bachs.

Mir persönlich erscheint das Werk Johann Sebastian Bachs wie eine Urquelle. Unsere Musik ist stark durch sein OEuvre geprägt. Seine Musik fließt, ist Swing, Jazz und verwobenste Polyphonie zugleich, sie wirkt schwebend und ist doch hochkomplex.

Sie bleibt auf magische Weise transparent. Höre ich mir eine Aufnahme des Pianisten Glenn Gould mit Werken von J.S. Bach an, habe ich das Gefühl, jede einzelne Stimme in die Luft nachzeichnen zu können.

Ich verfolge meine Idee weiter und wir singen die Melodie des AIR-Satzes einstimmig mit allen Frauenstimmen. Dabei ziehen wir das Originaltempo etwas an, da die langen Haltetöne selbst mit chorischem Atmen nur schwer umzusetzen sind. Die Tänzerinnen entwickeln eine schlichte Choreografie, die dem ruhigen Thema entspricht. Es entstehen Linien im Raum, die die Melodie schlicht unterstreichen, dazu einfache Armgesten, Blicke, die einander begegnen. Als Abdoulaye schließlich die traditionellen Rhythmen unterlegt, stehen mir erneut die Tränen in den Augen.

Ein paar Jahre später greife ich die Melodie wieder mit der Querflöte auf und Rachel, eine der Tänzerinnen, tanzt mit Désirée zu dieser Melodie. Sie erinnern sich sofort an den Ablauf, obwohl es viele Jahre zurückliegt, dass wir die Melodie, das Thema der AIR im Abschlusskonzert sangen. Dann improvisieren die beiden spontan mit freien und traditionellen Bewegungselementen. Das Publikum ist genauso beeindruckt wie ich!

Musik umfasst für mich – nicht erst seit meiner Afrikareise – etwas in hohem Maße Interkulturelles, sie verbindet die Menschen und ist weltweit zu verstehen. Es ist, als seien die Musikkulturen, die auf den ersten Höreindruck so fremd und voneinander entfernt scheinen, wie mit einer transparenten Nabelschnur miteinander verbunden. Als gäbe es gar keine Trennung der Kulturen, als sei alles eins. Der südindische Musiker und Naturwissenschaftler Vemu Mukunda machte diesbezüglich eine besondere Entdeckung, die meine Vermutung unterstreicht: Er erforschte den emotionalen Effekt der Wirkung der menschlichen Stimme und spricht von einer Einheit von Stimme, Emotion und Körper. Gunda Dietzel, die in ihrem Buch „Der individuelle Klang der Stimme" die Forschungsarbeit des Inders beschreibt, betont, dass Vemu Mukunda die Stimme als „Schlüssel des Menschen" bezeichne.

Seit Jahrtausenden ist die spirituelle und heilende Wirkung der indischen Musik bekannt.
Vemu Mukunda beherrschte die Vina, eines der ältesten indischen Saiteninstrumente. Er bereiste viele Länder der Erde und brachte vielen Schülern und Studenten die indische Musik näher. Er führte einen außergewöhnlichen Test durch, indem er über drei Ragas improvisierte. Die Reaktionen der europäischen Zuhörer deckten sich in hohem Maße mit denen seiner indischen Zuhörer!

Raga:
„Melodische Grundstruktur klassischer indischer Musik – poetisch bezeichnet als das, was den Geist „färbt". Jedes Raga hat zwei Haupttöne, auf denen Melodiebögen beginnen und enden. Ragas sind bestimmten Tageszeiten oder Situationen zugeordnet. Sie können vokal oder instrumental vorgetragen werden." [2]

Es verwundert mich überhaupt nicht, dass afrikanische, indische oder osteuropäische traditionelle Musik mehr und mehr mit Jazz verwoben wird, dass sich die verschiedenen Stile und Elemente kreuzen und sie wie selbstverständlich ineinandergreifen. Diese Experimente tragen zu einer intensiveren Begegnung der Völker und Nationen bei, denn die verbindenden Elemente der Musik, Melodie und Rhythmus, werden universell verstanden.

DIE ZUSAMMENARBEIT MIT DEN MUSIKERN

Anfangs habe ich etwas Scheu, mich mit dem Klavier unter die Profitrommler zu begeben, da ich musikalisch sehr klassisch geprägt bin. Es ist eine Herausforderung für mich, ein Tempo schlicht durchzuhalten, ausdauernd und mit der Präzision eines Uhrwerks. Und das größte Hindernis bildet mein „europäisch geprägtes" Ohr! Ich setze den Schwerpunkt der afrikanischen Musik intuitiv verkehrt. Schließlich versuche ich, mich in den neuen *Beat* einzufühlen, und es gelingt mir Schritt für Schritt, *peu à peu*. Auch während des Tanzens wird mir bewusst, dass ich die Schritte im Schwerpunkt intuitiv anders setze, als die Tänzerinnen es tun. Wenn ich die Augen schließe und mich frei zur Musik bewege, münden die Schritte automatisch in eine mir von Kind an gewohnte Bewegungsfolge! Mich von dieser Vertrautheit zu lösen, fällt mir unglaublich schwer.

Mit der Zeit bessert sich dieses neue Taktgefühl jedoch und ich werde ausdauernder, den afrikanischen *Beat* stabil zu halten. Nach und nach arrangiere ich traditionelle Lieder und besetze sie mit verschiedenen Instrumenten und Stimmen. Eine sehr intensive und spannende musikalische Auseinandersetzung beginnt! Mein Repertoire sowie meine eigenen Stücke setzen umgekehrt bei den Afrikanern Ideen und Kreativität frei, geben Impulse zur freien Improvisation. Es ist ein ständiges Geben und Nehmen.

Schließlich entwickelt sich eine Art Musik-Collage, die sich aus Bekanntem und Neuem unserer Kulturen zusammensetzt. Die Pforten stehen offen für musikalische Experimente mit unterschiedlichsten Rhythmen und Melodien auf traditionellen und modernen Instrumenten.

Mir ist auch nie so bewusst gewesen, dass gemeinsames, gleichzeitiges und kongruentes Miteinander-in-Bewegung-sein, wie ich es beim Tanz erlebe, so stärken und so viel *Power* freisetzen kann!

Alle traditionellen afrikanischen Tänze sind immer in ein Lied eingebettet, das alle gleichzeitig oder im Wechsel von Call und Response singen. Laut und kehlig werden die Stimmen regelrecht hinausgeschleudert und mit Tanzgesten und Tanzschritten begleitet. Sind alle begleitenden Trommeln im Einsatz, wird es jedoch schwierig, noch ein Wort zu verstehen, die Rhythmen scheinen alles zu verschlucken. Kraft entfaltet sich in alle Himmelsrichtungen, sie multipliziert sich mit jedem Armschwung, mit jedem energischen Stampfen der Beine, mit jedem erneuten Einsetzen der Stimmen.

Ich bin mittendrin im Chaos, in Aktion, und weiß nicht, wo meine Gedanken mich als Nächstes hinleiten: in die Füße, in den Rücken, in die Arme? Das Singen fällt mir mit Abstand am leichtesten. Koordination, Konzentration, die Einsätze im *Off-Beat* fühlen – all das erspüre ich neu, entgegen meiner Hörgewohnheit. Die Trommeln helfen mir, das Tempo nicht zu verlieren. Ich lasse mich manchmal treiben, tauche ein in die Bewegungen der anderen, lasse los, versuche den Kopf auszuschalten. Es gelingt mir ab und zu. Das Ohr stellt sich allmählich um, doch der Körper ist träge.

Mir fällt es leicht, spontan zu afrikanischer Musik zu tanzen, zu improvisieren, doch festgelegten Schrittkombinationen zu folgen ist eine harte Arbeit für mich! Umso herrlicher, wenn eine Etappe gelingt und meine Freunde mir zuzwinkern. Ich lerne viel beim Zuhören, Zusehen ohne aktive Teilnahme, beobachte die Körper, die ganz und gar in Bewegung sind, elastische Wirbelsäulen, schüttelnde Bewegungen, große Armgesten, schnelle, stampfende Beine und unglaublich strahlende Gesichter beim Tanz.

In der Vorbereitung für mein Abschlussprogramm kommt mir die Melodie *What a wonderful world* von L. Armstrong in den Sinn.

Immer wieder beobachte ich, dass manche Mitarbeiter des Kulturzentrums während ihrer Arbeit ins Singen vertieft sind. Ich vernehme ganz besondere Stimmen unter ihnen. Vielleicht möchte das Personal ja auch mit mir singen? In den nächsten Tagen spreche ich alle der Reihe nach an. Erst blitzen die Augen und große Begeisterung macht sich breit. Dann möchten wir einen gemeinsamen Termin finden. Es stellt sich schnell heraus, dass nach einem anstrengenden Arbeitstag der Weg zurück in die Familie drängt, und meine Idee verklingt, bevor sie begonnen hat. Ein paar Frauen aus der Küche zeigen sich dennoch beharrlich. Sie steigen ein ins Boot und erlernen den berühmten Song mit mir. Da die wenigsten Englisch sprechen, kommt mir die Idee, den Text sinngemäß ins Wolof zu übertragen, und uns gelingt folgende Version:

Senegal ne muja tô
Nisse xol rafet té
Surtou ma borou gajid
Assaman da fa blö
Man gni maxalaat (sprich: Man ni machalat – hartes ch)
Afrika rafet na

Senegal, wie groß du bist
Mit deinem guten Herzen
Am Meer gelegen
Mit deinem weiten, blauen Himmel
Ich staune und denke so für mich
Afrika, du bist schön

Ich sehe sie noch vor mir: Chadi, Aissiatou, Fatou, Ndiaye, Mariatou. Oft sind sie erschöpft, wenn sie nach ihrer Arbeit in die Probe kommen. Doch sobald wir ins Singen kommen, stellt sich eine innere Leichtigkeit ein, sie sind offen und ich spüre, dass das Singen ihnen wie mir Flügel verleiht. Es ist ein ganz anderes Arbeiten als mit den Tänzerinnen, denn die Frauen des Personals sind durchweg eine Generation älter.

In unserer Abschlusspräsentation bin ich zum ersten Mal in meinem Leben *Conférencière* und führe in Französisch durch das Programm. Ich habe das Bedürfnis, den Zuhörern zu erklären, wie die Stücke entstanden sind, welche Ideen dahinterstecken und welche Entwicklung wir gemeinsam damit gemacht haben. Das Publikum verschlingt mich fast, und alle haben großen Respekt vor meiner Stimmgabel, diesem Zauberstab, der irgendetwas mit mir zu machen scheint. Erst halte ich diesen Stab an mein Ohr, dann summe ich einen Ton und schließlich gebe ich verschiedene Töne an die Sängerinnen weiter! Abdoulaye, der Sabar-Spieler, hatte in den Proben folgende Idee: Er meinte, wir könnten eine kleine Komik-Szene einbetten, indem ich zu ihm komme und ihm meine Stimmgabel ans Ohr halte, er dann ganz verwirrt schaut und seinen Stock (mit dem er die Sabar spielt) an der Kante der Trommel anschlägt und an sein Ohr hält, dann selbst einen Ton singt, einen anderen als ich, und zu strahlen beginnt.

Die Erwachsenen im Publikum lachen und sind begeistert, doch den Kindern bleibt diese Stimmgabel (das *bing,* wie sie es nennen) einfach unheimlich, bis zum Schluss! Schließlich kommen sie neugierig auf mich zu und ich „lüfte" das Geheimnis hinter dem Zauberstab.

Zurück zum Küchenpersonal: Mein kleiner Chor steht hinter den Kulissen und wartet auf ein Zeichen. Als ich sie dem Publikum vorstelle, werden sie mit einem so einladenden Applaus motiviert, dass sie keine Chance mehr haben, sich zu verstecken und tatsächlich auf die Bühne kommen. Alle sind sehr nervös, doch mit dem Singen kommt der Mut, und die Scheu verliert sich mehr und mehr.

MANGO, BANANA ET LIMON

Der Zutritt zur Hotelküche ist für Touristen verboten, und trotzdem wage ich mich manchmal die Stufen zur Küche hinunter und singe das Lied *Mango, Banana et Limon,* das ich vor ein paar Jahren von einer Israelin erlernte. Dann lachen die Frauen mich an und beginnen zu tanzen. Sie wissen genau, was ich möchte: ein selbstgemachtes Mango-, Bananen- oder Zitroneneis. *Merci!*

Im Senegal zählen Reis und Fisch zu den Hauptnahrungsmitteln. Sie bilden die kulinarische Grundlage in fast allen Regionen des Landes. Das traditionelle *Ceebu jen* (djeebu-djen – das j wird wie bei *Jeans* ausgesprochen), eine Reisplatte mit Fisch, einer würzigen Sauce und Gemüse, esse ich in vielen Varianten. Für die Sauce werden Kräuter, Knoblauch, Zwiebeln, Chili und Paprikapulver mit Palmöl im Mörser gemahlen. Das Gemüse setzt sich aus Karotten, Kartoffeln oder Maniok und Yamswurzeln zusammen. Der Fisch wird in Öl mit Zwiebeln angebraten und dann weiter gegart und mit Zitrone abgeschmeckt. Gewürzt wird dann mit Salz, Pfeffer und Tomatenkonzentrat. Ich esse oft mit den Frauen des Hotelpersonals zusammen. Wir sitzen unter freiem Himmel im Kreis auf kleinen Holzbänken, in der Mitte steht eine große Schale mit heißem Essen und lädt uns ein. Die Sauce wird unmittelbar vor dem Essen über das Gericht gegossen. Alle essen selbstverständlich ohne Essbesteck mit den Händen, was mir nur selten gelingt.

Oft werden die Saucen mit geräuchertem oder getrocknetem Fisch zubereitet. Unter dem Gemüse sind Kohl, Maniok, kleine Paprikaröschen, Kartoffeln, Möhren, Kürbis, Bohnen, die Blätter des Hibiskus und des Baobab verbreitet. Leider werden fast alle Gerichte mit Brühwürfeln, dem sogenannten *jumbo* zubereitet. Frischer Fisch aus dem Atlantik steht als Erstes auf der hiesigen Speisekarte – in allen Varianten gegrillt, geräuchert, geschmort, in

Zitronensauce gegart, mit Minze, Basilikum oder Petersilie verfeinert. Ich habe in meinem ganzen Leben nicht so viel Fisch gegessen wie hier im Senegal und das mit einem großen Appetit!
Am Abend lädt man mich überall zum traditionellen senegalesischen Tee mit Basilikum oder Minze und viel zu viel Zucker ein. Eine Zeremonie, die an Bilder der Märkte in Marokko oder Kairo erinnert. Es gibt mehrere Aufgüsse, und die Zubereitung nimmt ihre Zeit in Anspruch. Die kleinen Gläser wechseln geschickt durch die Hände des Zubereitenden. Es wird geplaudert und gelacht. Entspannung und Gelassenheit machen sich breit. Der Tee schmeckt sehr intensiv, fast bitter. Ich trinke meist *la troisième*, den dritten Aufguss, denn er ist etwas milder und für meinen Geschmack der angenehmste.
Ich genieße die hiesigen Früchte und Säfte aus den Hibiskusblüten, aus Ingwer, den Früchten des Baobab oder der Tamarindenfrucht (*Tamarin*). Hier wachsen auch Granatäpfel, Pampelmusen, Kokosnüsse, Melonen, Orangen, Zitronen, Guawen, Corossolfrüchte (oder *pomme cannelle,* die köstlichste Frucht, die ich je gegessen habe!), Papayas, Ananas, Bananen, *Sapotis* und Mangos. Letztere reifen in großen Mengen vor allem im tropischen Süden des Senegal, in der Casamance. Dort haben sie die Größe eines Straußeneis im Gegensatz zu den kleinen Mangos, die an der Westküste wachsen.
Am häufigsten angebaut wird die Erdnuss. Gemahlen würzt sie so manche Sauce.
Neben Fisch isst man Geflügel, Hammel, Ziege, Rind und Kuh – Schwein nur in den katholischen Regionen, und das sind mit 5 % der Bevölkerung die wenigsten.

DER ATLANTIK

Es vergeht kein Tag, an dem ich nicht mit dem Meer in Kontakt bin. Die sanften Wellen laden immer wieder ein, sich hinauszuwagen und mit ihnen wieder und wieder an Land zu treiben. Manchmal lege ich mich mit dem Rücken auf die Wellen und schwebe im Wasser, atme nur und bewege mich nicht, lasse mich einfach treiben und schaue in den blauen Himmel über mir. Es gibt auch Tage, an denen die Wellen meterhoch in die Brandung stürzen. Ein dröhnendes, donnerndes Krachen ist dann schon von Weitem zu hören, und an solchen Tagen lassen auch die Fischer ihre Boote am Strand. Mal werden gewaltige Mengen von Sand angespült, und je nach Wassertemperatur treiben auch schon mal Hunderte von Quallen an die Küste, große und kleine mit langen Tentakeln, transparent mit rot-violettem Inneren. Ich schau sie mir aus der Nähe an, wenn sie gestrandet sind, und die Einheimischen warnen mich mit davor, sie zu berühren. Es ist nicht ihr quaddeliger Körper, der gefährlich ist. Die langen Fangarme sind es, die eine heftige, brennende Reaktion der Haut auslösen.

Es gibt einen großen, weitläufigen Strand und einen kleinen, winzigen, der von Felsen und Steinen umgeben ist, die, wenn das Wasser steigt, schon mal „abtauchen" und verschwinden. Da wird das Schwimmen dann eher zum Abenteuer, zu gefährlich, und ich setze mich einfach vorne in die auslaufenden Wellen, um dieser Gefahr aus dem Weg zu gehen. Die Kinder aus dem Dorf kommen mit dazu und wir gestalten bunte Bilder und Mandalas aus Muscheln, die Stunden später wieder vom Meer weggespült werden, sich auflösen und einfach verschwinden. Wir drücken unsere Hände und Füße in den Sand, nehmen sie weg, versuchen sie wiederzufinden.

Ich erinnere mich besonders an eine Begebenheit, in der ich mich selbst wieder als Kind fühlte und alles um mich herum vergaß. Ich war zu Recherchen über die traditionelle Musik in die Casamance, den Süden des Senegal, aufgebrochen.

FUSSBALL IM GEWITTER

In der Casamance bekommt die Landschaft des Senegal ein vollkommen neues Gesicht: Satte Grüntöne heben sich von der lehmfarbenen Erde ab. Es herrscht Regenzeit und die Straßen sind zum Teil nur schwer passierbar. Jenseits der Hauptstraßen wird die Route immer abenteuerlicher.

In der Stadt Tionck Essil habe ich mein Ziel erreicht. Ich bin in einem schlichten Haus einer Familie mit vier Kindern untergebracht. Die Großeltern sitzen vor der Tür und alle begrüßen mich herzlich.

Nach und nach lerne ich auch die Nachbarkinder kennen, und täglich kommen wieder neue Gesichter hinzu. Die Kinder ziehen mich in alle Richtungen, wollen mir vieles zeigen. Hinter dem Haus befindet sich eine leer stehende Garage, in der wir spielen, wenn es draußen regnet. Das Dach ist mit einfachen Wellblechen abgedeckt. Ein Fenster öffnet den Blick zum Nachbarhaus.

Eines Tages sitzen wir wieder einmal in der kleinen Garage, als plötzlich ein heftiger Platzregen hereinbricht. Es donnert regelrecht auf das Wellblechdach und wir verstehen unsere Worte nicht mehr. Donner ist von Weitem zu hören. Wir stehen am Fenster und schauen dem Regen zu.

Irgendwann reiße ich die Tür zur Straße hin auf, und wir stürmen mit einem lauten Kreischen hinaus in den Regen. Auf dem kleinen Sportplatz vor dem Haus haben sich bereits große Pfützen gebildet.

Die Kinder eilen mit einem Ball herbei – ich weiß nicht, wo sie ihn hergezaubert haben – und wir beginnen mitten im Gewitter eine regelrechte Fußball-Wasser-Schlacht.

Wer in welche Richtung spielt, ist eigentlich egal, einfach nur dem Ball hinterher. Ich fühle mich selbst wieder als Kind und laufe so schnell ich kann, um den Ball zu erhaschen. Ein Treffer ge-

lingt und ein kleiner Junge kommt mit einem Handabschlag auf mich zugestürmt. Ich fühle mich ganz und gar angenommen.
Wir sind alle völlig überdreht und bis auf die Haut durchnässt. Der Matsch vom Sportplatz spritzt an uns hoch. Die Wasserpfützen sind schließlich so groß, dass man ein kleines Bad darin nehmen kann, was manche der kleineren Kinder auch tun.
Ich weiß nicht, wie lange wir diesem Naturspektakel unsere Energie schenken. Es ist jedenfalls eine ganze Weile, und als wir wieder wohlig erschöpft in unserem „Proberaum" ankommen, verabschieden sich alle per Händedruck und sagen *bo gadjom – bis morgen* – mit einem grooooßen Lächeln auf den Lippen.

MANGO, MANGO, MANGO

Am nächsten Tag gehe ich früh morgens den vom Regen durchnässten Pfad entlang zu einer kleinen Bäckerei. Ein französisches Ehepaar hat dort, so erzählt man mir, vor vielen Jahren einen riesengroßen Ofen aus Ton gebaut. Der Duft des frischen Brotes zieht alle an. Ich kaufe Brot fürs Frühstück und finde Milch, Butter und Kaffee in einem nahe gelegenen kleinen Laden, den alle *boutique* nennen. Diese Läden sind in allen Dörfern zu finden. Man entdeckt sie an größeren Plätzen, in engen Gassen, hinter den Häusern, in versteckten Winkeln. Die Einheimischen wissen genau, wo was zu finden ist. Manche sind eher mit frischen Waren ausgestattet wie Brot, Butter und Gemüse und andere scheinen vom Elektrokabel bis zur Zahnpasta alles zu haben.

Mir kommt eine Idee: Vielleicht kann ich den Ofen der Bäckerei ja nutzen und einen Kuchen darin backen? Ich frage nach und man ist erfreut über die Idee, bietet mir an, irgendwann in den nächsten Tagen am frühen Abend mit den Zutaten herzukommen.

In meiner Familie gebe ich nichts davon preis, handle heimlich und still. So mache ich mich wieder auf, um Mehl, Butter und Zucker zu kaufen. Hier ist gerade Mangoernte und große Lastkraftwagen werden mit Mangos für den Markt in Dakar beladen.

Am Nachmittag hab' ich Glück. Die Großmutter ist mit der ältesten Enkelin draußen in den Reisfeldern. Der Großvater trifft sich meistens mit Gleichaltrigen und sitzt mit ihnen im Schatten eines sehr alten Baumes, dem bekannten *arbre à palabre* (dem Baum zum Plaudern). Die Dorfältesten treffen sich seit Generationen dort, um sich zu beratschlagen. Sie tauschen sich aus, beraten beispielsweise über eine traditionelle Behandlung von Krankheiten und geben ihre Ratschläge weiter an die Menschen des Dorfes, die ihre Fragen und Probleme an sie herangetragen haben. Sie sind die „Medizinmänner", denen alle im Ort einen großen

Respekt zollen und an deren Entscheidung die Menschen sich halten.

Ich sehe den Großvater mit beiden Händen auf seinen Stock gestützt, er sitzt und blickt nach unten. Wenn ich mit ihm spreche, sind seine Augen sehr warmherzig. Er scheint etwas an mir vorbeizuschauen und den direkten Blick in meine Augen zu meiden. Seine Augen schimmern, als habe er keine starke Sehfähigkeit mehr, was mir die Enkel später bestätigen.

Alle Kinder sind gerade irgendwo zum Spielen unterwegs, und so kehre ich mit meinen Zutaten unbemerkt in die kleine Bäckerei zurück und bereite meinen Kuchen vor. Man borgt mir eine große, runde Kuchenform und ich belege den Mürbeteig so mit Mangostücken, dass sie wie große Sonnenblumen aussehen. Er duftet schon jetzt, der Kuchen, denn ich fand sogar noch Vanillezucker in einer kleinen *boutique*.

Schließlich kehre ich ins Haus zurück und freue mich darauf, dass es Abend wird. Die Großmutter ist aus den Reisfeldern zurückgekehrt und bereitet Fisch zu. Ich übernehme das Pressen der Zitronen und versuche mich gestikulierend mit ihr zu verständigen. Sie versteht leider kein Französisch. Dann gehe ich zum Brunnen, der außerhalb des Gartens liegt, schöpfe aus der Tiefe Wasser in einen Eimer, wasche ein bisschen Wäsche und hänge sie auf eine Leine. Ich gebe der Großmutter ein Zeichen, dass ich etwas spazieren gehe, und mache mich auf den Weg zur Bäckerei. Eine lange Menschenschlange ist von Weitem zu sehen, alle wollen frisches Brot kaufen. Ich stelle mich hinten an. Als ich an der Reihe bin, überreicht man mir den noch warmen Kuchen. Ich mache den Bäckern schließlich den Vorschlag, täglich viele kleine Mangotörtchen zu backen, die sie zusätzlich verkaufen können. Sie finden die Idee nicht schlecht, doch Zucker und Butter seien zu teuer und den Preis, den sie dann fordern müssten, könne sich niemand leisten. Das stimmt mich traurig, denn Berge von Mangos verkommen jedes Jahr und die kleinen Küchlein wären im Handumdrehen gebacken.

Mit einem zweiten Blech decke ich den warmen Kuchen ab und kehre zurück ins Haus. Als hätten alle mich erwartet, sitzen die Großeltern vor der Tür, die Kinder kommen mir schon entgegengelaufen. Dann lade ich sie mit einer Geste ein, mit mir zu kommen. Ich teile den Kuchen und reiche allen ein noch warmes Stück. Strahlende Gesichter. Es kehrt eine ungewohnte Stille ein. Alle essen und schweigen, lächeln mich an, und ich fühle mich unglaublich reich in diesem Moment!

SCHWARZ UND WEISS

Im Dorf laufen viele Hühner, Ziegen und Kühe frei herum. Wieder unterwegs, begegne ich spielenden Kindern oder alten Menschen, die vor den Häusern sitzen. *Gaßumai* grüße ich sie und ein *Gaßumai kepp* kommt mit einer netten Geste zurück. Eines Tages kommt mir eine Mutter mit ihrem Kind, das sie an der Hand hält, entgegen. Als es mich sieht, fängt es ganz laut an zu weinen. Dieses Weinen ist so durchdringend, dass es mir durch sämtliche Knochen fährt. Ich vermute sofort, dass dieses kleine Wesen noch nie eine weiße Frau gesehen hat. Es versteckt sich hinter seiner Mutter und hört und hört nicht mehr auf, im Gegenteil: Es steigert sich nun richtig ins Schreien hinein. Ich überlege, was ich tun kann, reagiere ganz spontan und singe ein Lied, das die Kinder mir beibrachten. Es heißt *Agnasso* (sprich: Anjasso). Ich singe es mit voller Stimme, bleibe auf der Stelle stehen und tanze ein wenig dazu. Die Mutter sieht mich freundlich an. Sie dreht sich zu ihrem Kind um, hockt sich daneben und beide schauen mir zu. Ich singe weiter und weiter und das Kind hört allmählich auf zu weinen. Dann schlage ich einen kleinen Umweg ein und winke den beiden zu. Die Mutter winkt mir zurück und mir wird mit einem Mal bewusst, dass ich weit und breit die einzige weiße Europäerin bin! Ich stelle mir mich als Kind in dem Dorf vor, in dem ich aufgewachsen bin. Wie hätte ich wohl reagiert, wenn ich zum ersten Mal in meinem Leben einen dunkelhäutigen Menschen gesehen hätte? Ich kehre zurück, und erzähle den Kindern die Geschichte. Sie freuen sich, dass sie mir das *Agnasso* beigebracht haben.

Die Casamance ist stark vom Animismus geprägt und es gibt unendlich viele Lieder, die von Geistern und von verwandelten Gestalten erzählen. Die Kinder wachsen damit auf und haben mitunter Angst, aber auch Ehrfurcht vor den geheimnisvollen Geschichten ihrer Ahnen.

Dies ist das erste Lied, das ich in der Casamance erlernt habe, und überall, wo ich es sang, stimmten die Menschen um mich herum mit ein. Besonders die Kinder mögen es sehr und fangen gleich an zu tanzen, wenn sie die Melodie hören. Sie singen das Lied mit großer innerer Begeisterung.

Agnasso erzählt die Geschichte einer verkleideten Gestalt, die zum Tanz ins Dorf gekommen ist. Ganz in Stroh gehüllt, ist nicht zu erkennen, wer sich dahinter verbirgt.

Hier ist es. Ich habe es sprachlich frei notiert, also meine eigene Lautschrift entwickelt, da die meisten afrikanischen Sprachen schriftlich nicht erfasst sind.

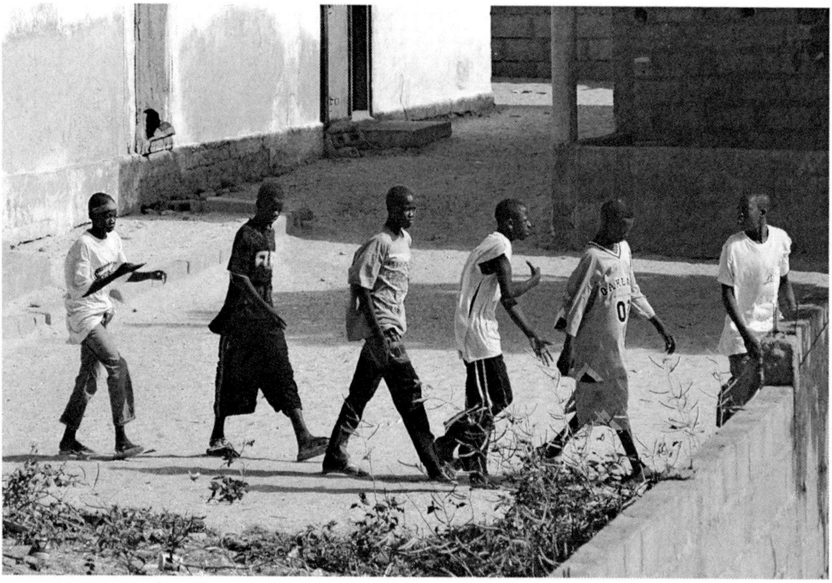

Agnasso

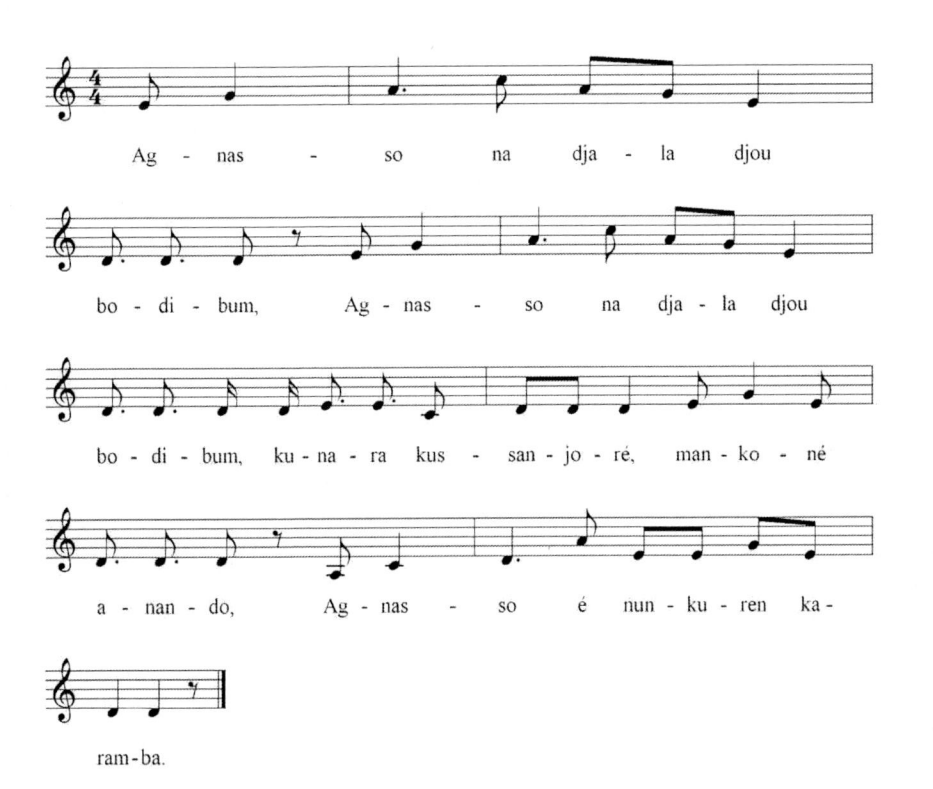

Ag - nas - so na dja - la djou bo - di - bum, Ag - nas - so na dja - la djou bo - di - bum, ku - na - ra kus - san - jo - ré, man - ko - né a - nan - do, Ag - nas - so é nun - ku - ren ka - ram - ba.

Die rhythmische Besonderheit des Liedes liegt in der Kombination der beiden punktierten Achtel mit einer anschließenden Achtelnote auf dem Wort *bodibum*. Während unsere volkstümlichen Lieder eher von einer Kombination einfacher Achtelnoten mit einer Viertel geprägt sind, zeigt sich gerade in diesem Sechzehntelverhältnis von 3:3:2 ein für Afrika typisches Rhythmusmotiv.

HENNA IM HAAR

Auf dem Markt in Bignona kaufe ich *Fudén* (Wolof für Hennafarbe). Man findet es überall auf den großen Märkten in Dakar, Rufisque, Mbour, Ziguinchor. In Bignona frage ich nach der Farbnuance und man entgegnet mir, dass es nur eine Sorte gäbe. Ich ahne schon, dass die Farbe kräftig rot ausfallen wird.
Wer sich die Haare schon einmal mit Pflanzenfarbe gefärbt hat, weiß, dass diese Aktion allein kaum zu meistern ist. Ich frage also in der Familie nach und sie meinen, dass ich ihre nette Nachbarin fragen solle, die *vis-a-vis* wohne. Ich klopfe an die Tür, stelle mich auf Französisch vor und weise auf das Haus gegenüber, erzähle ein bisschen und frage dann nach, ob sie Zeit und Lust habe, mir zu helfen. Sie lächelt mir zu und wir verabreden uns für den kommenden späten Vormittag. Ich bereite warmes Wasser vor, koche einen schwarzen Tee, habe auch etwas Olivenöl (das im Senegal auch in winzigen Tüten verkauft wird) und frage nach einer Schale, in der ich die Farbe anrühren kann. Die neugierig gestimmte Oma im Haus hilft mir gerne weiter. Auch die Kinder sind total aufgeregt und haben während der Vorbereitung alle Nachbarkinder zusammengetrommelt, alle jüngeren, die noch nicht zur Schule gehen. Schließlich sitze ich im Grünen auf einem wackeligen Holzstuhl, in der Hand die Schale mit der Hennafarbe, sicher 15 Kinder um mich herum, die mich ganz groß anschauen. Dann erzähle ich allen (ein paar von ihnen verstehen Französisch und übersetzen es den anderen), dass dies ein Zauberpulver sei, das meine Haare richtig rot färben würde. Ich erkläre ihnen, dass das Pulver aus zermahlenen Pflanzenblättern besteht. Sie lachen und glauben mir nicht.
Die Nachbarin zieht sich transparente Handschuhe an und die „Zeremonie" beginnt: Anfangs fallen kleine Klumpen der Farbe auf meine Schulter und meinen Schoß – ich habe vorbeugend

ein schwarzes T-Shirt angezogen. Um mich herum lautes Gelächter, manche Kinder wollen die Farbe anfassen. Dann fällt mir ein, dass ich ein paar Frauen aus dem Personal des Kulturzentrums Espace Sobobadé gesehen habe, die ihre Füße und Hände mit Henna färbten, mit wunderschönen Mustern, manchmal sogar die Fingernägel, die dann nach und nach orangefarben herauswachsen. Mir gefallen die bemalten Füße sehr. Bei uns werden solche Dinge mit kleinen Tatoos auf Kinderhände, Arme oder Schultern gedrückt. Ich erzähle den Kindern, dass, wenn sie den Finger in die Farbe stecken, ihr Fingernagel ganz rot würde, was ein Mädchen sofort ausprobiert. Alle amüsieren sich sehr. Mein breiter Stilkamm scheint gute Dienste zu leisten, um die lästige Pampe auf dem Kopf zu verteilen. Bald ist es soweit und alle Haare sind eingepackt wie in eine Schlammpackung. Ich bedanke mich sehr und setze eine Plastikhaube auf, wickle ein Handtuch um den Kopf und bitte die Kinder für zwei Stunden zu verschwinden. Dann könnten sie sich anschauen, ob der Zauber gewirkt habe. Alle stürmen in die Wiesen oder auf den nahe gelegenen Sportplatz, ein offenes Feld, das rechts und links mit zwei Fußballtoren gesäumt ist, deren Netze nicht mehr existieren. Ich bin gespannt, wie viele wiederkehren werden – alle kommen schließlich zurück! Ihre Gesichter werde ich nicht mehr vergessen. Sie halten die Luft an, denn meine Haare leuchten intensiv rot. Als ich in einen kleinen Spiegel schaue, bekomme ich selbst einen Schreck. In der Sonne wirken sie sehr feurig!

MEIN ABSCHIED VON DEN KINDERN DER CASAMANCE

Von den sechs Wochen, die ich in der Casamance verbrachte, ist mir eine Begebenheit besonders gegenwärtig, und die ereignete sich am letzten Tag, den ich dort verbrachte. Ich war mit Freunden zum Fluss unterwegs, querfeldein durch den tiefen „Urwald", es begegneten uns kaum Menschen. Ab und an sahen wir Frauen, die in ihren bunten Gewändern mit Körben auf dem Kopf zu den Reisfeldern aufbrachen oder zurückkehrten.
Die Reispflanzen werden weit draußen jenseits des Flusses in die nassen Felder gesetzt, wo sie heranreifen. Die meisten Familien besitzen ein kleines Reisfeld zum eigenen Anbau. Als wir am Fluss ankommen, gehen wir baden. Die Strömung ist stark, obwohl die Wasseroberfläche sehr ruhig wirkt. Erfrischt überqueren wir eine uralte Holzbrücke, klettern auf einen aus Muscheln bestehenden Hügel und haben einen wunderschönen Blick hinaus auf die Felder. Nach einer Weile kehren wir langsam zurück, die Sonne steht schon tief und meine Freunde sagen mir, dass es besser sei, vor Sonnenuntergang zurück im Dorf zu sein, da die *mauvais esprits*, die *bösen Geister* nach Sonnenuntergang aktiv würden. Ich möchte noch nicht zurück, doch ich beuge mich schließlich, weil ich spüre, dass die anderen es sehr ernst meinen. Wir kehren um und ich wende meinen Blick noch einmal zurück, der Holzbrücke entgegen. Da höre ich plötzlich Kinderstimmen, die ganz laut meinen Namen rufen: *„IIINNNGEEE",* und ich erkenne, dass es die Mädchen aus dem Dorf sind, mit denen ich die letzten Wochen gesungen habe. Sie stürmen im Laufschritt auf mich zu und strahlen übers ganze Gesicht. Ich freue mich so, sie zu sehen. Sie haben den ganzen Tag in den Reisfeldern gearbeitet, sind durchgeschwitzt und wirken müde. Wir beginnen zu singen und die Mädchen begleiten unser Singen mit eigenen Rhythmen auf ihren Plastiktonnen. Sie sprühen vor

Energie und scheinen alles um sich herum zu vergessen. Total im „Hier und Jetzt" sind sie dem Singen vollkommen zugewandt. Der Heimweg liegt noch weit vor uns, wir werden noch fast eine Stunde unterwegs sein bis ins Dorf. Dieser Rückweg verfliegt jedoch in Windeseile, und ich erlebe einen der intensivsten Momente meiner Reise.

Als wir uns verabschieden, möchte ich *bo gadiom, bis morgen* sagen, doch wir werden in aller Frühe in Richtung Dakar aufbrechen.

Ich erinnere mich oft und gern an die Mädchen und die vielen Kinder der Casamance. Und immer, wenn ich an sie denke, höre ich sie in meinem Inneren singen mit ihren klaren, direkten Stimmen.

VON WILDEN TIEREN, SCHLANGEN UND SKORPIONEN

Es gibt unendlich viele Vogelarten hier im Senegal, riesengroße und auch winzig kleine mit feuerrotem Gefieder oder mit blautürkisfarbenen Federn, die wie Perlmutt schillern. Mit meiner Schwester Ruth, die mich tatsächlich zwei Wochen besuchen kommt, reise ich in den berühmten Vogelpark im Norden des Landes. Zwei afrikanische Begleiter haben wir an unserer Seite. Im Park sind wir mit einem Jeep oder in kleinen Booten unterwegs. Es ist unglaublich, wie viele Vögel hier auf engem Raum zusammenleben. Zu Tausenden bevölkern sie die kleinen Inseln. Ein unentwegtes Gekreische und Geschnatter ist zu hören, ein Plätschern und Tosen von Vögeln, die mit Schwung – manchmal auch etwas holprig und behäbig wie kleine Albatrosse – im Wasser landen.

Ich erinnere mich vor allem an die vielen Kraniche, an die Wildgänse und andere Vogelzüge, die bei uns in Deutschland zum Einbruch des kalten Winters in der Abenddämmerung in großen V-Formationen ganz hoch am Himmel fliegen mit munteren Stimmen, so scheint es, der Wärme entgegen.
Hier im Vogelnationalpark sind es viele Hunderte Pelikane, die sich unmittelbar neben unserem Boot aus dem Wasser erheben. Ich blicke ihnen nach und habe für Augenblicke kein Raum-Zeit-Gefühl mehr. Alles fühlt sich wie in Zeitlupe an und mein Blick nach oben scheint mich aus dem Boot zu ihnen zu ziehen.
Wir beobachten ein großes Krokodil, das am Ufer döst. Als wir vorbeirudern, öffnen sich die winzigen Augen.
Ich frage mich, warum ich so magisch angezogen bin von der Tierwelt Afrikas? Ob Zebras, Oryx-Antilopen, Giraffen, Löwen oder Elefanten. In meiner Kindheit faszinierten mich die Sendungen von Bernhard Grzimek, die wunderbaren Aufnahmen und Be-

schreibungen der Verhaltens- und Lebensweisen der Tiere in der Serengeti-Steppe.
Als Kind versank ich während meiner Zoobesuche immer wieder in intensive Beobachtungen eines Tieres, eines Tierpaares oder eines ganzen Rudels.
Ich wünsche mir, irgendwann einmal mit erfahrenen Tierschützern Elefanten in der freien Wildbahn beobachten zu können. Ihr Sozialverhalten ist ein Faszinosum für mich. Ihr unglaubliches Erinnerungsvermögen, ihre Fürsorge um die Kleinen, die Alten und Schwachen. Sie schützen die Jungen mit einer großen Hingabe. Das würde ich gerne einmal mit viel, viel Geduld und Zeit live be-obachten. Eine Safari ohne Jeep, nur zu Fuß.
Im Sommer 2006 saß ich während meines Fluges in den Senegal neben einem älteren Ornithologen-Team, das seit vielen Jahren um die Welt reist, um Reportagen über besondere Vogelarten zu filmen. Einer hielt ein riesiges Buch in seinen Händen und meinte zu mir, dass der Senegal ein wahres Paradies für ihre Beobachtungen sei. Sie seien viel in Afrika unterwegs gewesen, doch dieses Mal mit einer besonderen Vorfreude.

Im Frühjahr 2010 flog ich erneut nach Dakar. Monsieur Chenet hatte unmittelbar vor meinem Kommen ein wunderschönes Theater fertig gebaut und bat mich, dort einen musikalischen Abend zu gestalten – welch eine Herausforderung!
In dieser Zeit hatte ich allmorgendlich einen Freund am Fenster, einen winzig kleinen, kunterbunt schillernden Vogel mit einem langen, fein gebogenen Schnabel. Wegen der Hitze hielt ich die Fenster meist geschlossen, doch er kam immer zur gleichen Zeit ans selbe Fenster und lauschte meiner Musik, besonders der Querflöte. Dann flatterte er ganz aufgeregt am Platz, als wolle er näher zu mir kommen. Irgendwann beruhigte er sich und blieb einfach auf der winzigen Fensterbank sitzen und lauschte mitunter eine halbe Stunde. Er war einfach da und kam immer wieder.

Wer weiß, vielleicht fliegt er ja heute noch an seinen Platz und wundert sich, dass keine Flöte mehr erklingt. Ich freute mich immer über seinen Besuch. Genauso wie über den Besuch der zahlreichen wilden Affen, die ringsum in den Bäumen lebten und so manche Saison die ganzen Früchte des Geländes plünderten. Ihre Population würde zunehmend menschenfreundlicher, meinten die Gärtner. Kein Wunder, denn hier gab es viel zu holen: reife Mangos, Papayas, Bananen, Pampelmusen, Granatäpfel und *Sapotis* (eine Frucht, die äußerlich der Kiwi ähnelt, und ein sehr süß schmeckendes Fruchtfleisch hat).

Ich übte in einem runden Haus, dem privaten Wohnhaus von Monsieur Chenet. Die Fenster ringsum waren mit geschwungenen, schmiedeeisernen Gittern geschützt. Nach ein paar Tagen kamen sie näher und näher, die Affen. Sie waren sehr neugierig und mochten wohl meine Stimme. Drei von ihnen saßen vorwitzig da, so wie der kleine Vogel, und hangelten sich aufgeregt an den Gitterstäben entlang. Sie hielten sich fest und ihre Köpfe bewegten sich ungeduldig auf und ab, mal rechts, mal links der Gitterstäbe, mal geduckt, mal sich streckend. Sie sahen schön aus mit ihrem beigefarbenen, zart ins Grün gehenden Fell, hatten lange Schwänze, eine helle Vorderseite und ein dunkles, braunes Gesicht. Dann schauten sie mich direkt an und drehten sich aufgeregt nach ihren Artgenossen um.

Einmal, als sie wieder zu Gast waren, ließ ich die Eingangstür offen, doch sie blieben an den Fenstern in Sicherheit, schauten mich neugierig an und lauschten. Ihre Ausdauer war nicht so groß wie die des kleinen Vogels, höchstens fünf Minuten. Mal waren es zwei, mal drei, doch sie kamen regelmäßig. Abends probte ich in dem großen Theater, das am Rande des Geländes erbaut wurde. Ich sang, spielte Klavier (die Elektriker schlossen mein E-Piano an, sodass ich im Freien spielen konnte) und je öfter ich dort probte, desto vertrauter wurde der Klang wohl für die

Affen. Sie kamen in kleinen Gruppen, mitunter mit ihren Jungen, und setzten sich an den oberen Rand der Tribünen, in gutem Abstand zu mir. Sie setzten sich hin und lauschten, putzten sich gegenseitig und wirkten nicht, als empfänden sie irgendeine Gefahr in meiner Gegenwart.

Eines anderen Tages rief mich einer der Gärtner und winkte mir zu, ich solle schnell kommen, die große Python würde in der Mittagssonne schlafen. Sie hatten mir schon oft von ihr erzählt und sagten, sie würde sich unter den Bäumen an der Wasserquelle verstecken, man bekäme sie nur selten zu sehen. Sie sei sehr groß und weit über zwei Meter lang! Ich bekam einen Schreck, doch dann wagte ich mich in ihre Nähe, da sie wirklich schlief. Die Schlange lag zusammengerollt auf den warmen Steinen hinter dem großen Rundhaus, nahe den Bäumen, in denen die Affen lebten. Schlafend wirkte sie fast friedlich. Ich fragte mich, ob sie neben Mäusen auch schon mal kleine Affen verschlingen würde. Sie sah schön aus, hatte ein markantes Muster auf dem Rücken. Noch nie im Leben hatte ich eine so große Schlange in freier Wildbahn gesehen. Ich zog mich schließlich zurück und ging seitdem nicht mehr zur Quelle hinunter.

Pape, einer der Gärtner, den ich schon seit meinem ersten Besuch kannte, zeigte mir auch kleinere Arten von Schlangen, die in den Bäumen schliefen und sich wie Chamäleons fast unsichtbar machen konnten. Grün-braun-beigefarben passten sie sich dem Rhythmus des Astes an und reflektierten exakt die Farbe der Blätter des Baumes, faszinierend.

Seit diesen kleinen Abenteuern hielt ich mich mit dem Barfußlaufen zurück. Es gab schließlich noch die Gefahr der Skorpione. Auch wenn sie klein waren, hätte ein Biss von ihnen durchaus meinen ganzen Kreislauf lahmlegen können. Ein Skorpion fand den Weg sogar in mein Zimmer!

Ein kleiner Gecko gehörte mittlerweile schon zu meinen täglichen Gästen und übernachtete manchmal hinter einem der bunt gebatikten Vorhänge.

Nachts bekam ich überraschenden Besuch von kleinen Fledermäusen. Da ich häufig bei offenem Fenster schlief, verirrten sie sich ab und zu in meinem Zimmer. Sie schwirrten umher, flogen sogar ganz dicht an mir vorbei. Ich wurde sofort wach, wenn ich sie hörte. Doch nach nicht mal einer Minute fanden sie den Weg wieder zurück ins Freie.

In der Nacht hörte ich heulende Hunde und Schakale.

Manchmal verirrte sich eine kleine Kröte in meine Dusche. Sie mochte den kühlen, feuchten Platz offenbar ganz gern und kehrte immer wieder zurück, auch wenn ich sie wieder und wieder vor die Tür setzte.

Im Abstand von fünf bis zehn Tagen kehrte ich wieder vom Theatergelände ins Dorf zurück. Wieder im Kulturzentrum (es liegt ca. 20 Minuten mit der *charette* – einem kleinen Pferdekarren – entfernt), setzte ich mich entspannt auf mein Bett und griff in meinem Rucksack blind nach meiner Wasserflasche. Ich ließ einen Riesenschrei los, denn meine Hand fasste in etwas Glitschiges. Entsetzt eilte ich vor die Tür und versuchte mich zu beruhigen. Ich ahnte, dass es die Kröte war, und drehte den Rucksack vorsichtig um. Ja, da war sie und hüpfte verstört fort. Wasserstellen würde sie auch hier finden, dachte ich.

Seitdem gewöhnte ich mir an, meine Schuhe und Taschen regelmäßig nach ungebetenen Gästen zu durchsuchen...

DER BAOBAB

Die Vegetation im Umland von Dakar ist eher karg, savannenähnlich und trocken. Der Baobab, der afrikanische Affenbrotbaum, ist das Wahrzeichen des Landes. Er ist so unglaublich schön, dieser Baum. Die Alten erzählen davon, dass die Götter ihn früher mitsamt seinen Wurzeln ausrissen und ihn dann mit seiner Krone wieder in die Erde steckten. Demnach sind es die Wurzeln, die heute sichtbar in den Himmel ragen!
Es ist Trockenzeit und die Baobabs tragen keine Blätter. Ihre Äste staksen wie knochige Gestalten in alle Himmelsrichtungen, grau wie Elefantenhaut. Ich mag sie, sie stehen wie starke Persönlichkeiten in der Landschaft, charaktervoll. Mal sind sie vom Wind gezeichnet, mal stehen sie mächtig stolz da, mal wirken sie frech und keck, sind einander zugewandt oder stehen mutterseelenallein auf weiter Flur.
Die Baobabs wirken magisch auf mich. Irgendjemand erzählt mir später von ihrer mystischen Kraft und davon, dass es verboten ist, sie für Brennholz zu nutzen, sie zu verletzen oder zu verpflanzen. Ihren Blättern und Früchten werden heilende Kräfte zugeschrieben.
Der sogenannte *jus de Baobab* (der Saft, der aus seinen Früchten hergestellt wird) ist sehr dicklich und schmeckt bitter, sättigt aber enorm. Süßt man ihn, bekommt er etwas Erfrischendes.
Der Affenbrotbaum wirkt unverwüstlich und stark. Er kann in der Regenzeit enorme Mengen Wasser speichern, um die lang anhaltenden Monate der Trockenzeit zu überleben.
Einmal versuchte ich mit vielen Künstlerinnen einen Kreis um einen Baobab mit gewaltigem Durchmesser zu bilden. Aber wir schafften es nicht, ihn mit unseren ausgebreiteten Händen zu umarmen!

In der Regenzeit sprießen kleine, grüne Blätter, und die Frauen im Dorf sagen mir, dass die Früchte des Baobabs sehr viel Vitamin C enthalten und sie sie auf den Märkten verkaufen.

In früheren Jahrhunderten beerdigte man Könige und angesehene Menschen zu seinen Füßen oder gar in seinem Stamm.

Auf dem Weg von Toubab-Dyalaw (dem Dorf, in dem ich wohne) nach Rufisque (einem mittelgroßen Zentrum auf dem Weg nach Dakar) fährt man mehrere Kilometer an einem Gelände vorbei, auf dem Hunderte Baobabs stehen. Sie wirken wie Magnete, ziehen mich wieder und wieder an. In ihrer Nähe fühle ich mich geborgen und in Frieden mit mir und der Welt.

Manchmal schnappe ich mir am Abend meine kleine Holzflöte und gehe zum Sonnenuntergang hinaus zu den Baobabs, spiele ihnen ein Lied. Sie lauschen mir und ich lausche ihren knackenden Ästen. Sie wirken beschützend auf mich, als gäben sie mir inneren Halt und Kraft. Vielleicht sind sie ja weise und vertrauen dem Universum seit vielen, vielen Generationen ihre uralten Mythen an? Mein Herz klopft, wenn ich einen Baobab sehe, und mich überkommt eine eigenartige innere Unruhe.

VERLIEBT

Täglich bin ich mit den Tänzerinnen und Musikern zusammen. Ich kämpfe immer wieder um mehr Disziplin und um Pünktlichkeit. Meist schlendern alle nach und nach in die Proben und wir beginnen bis zu zwanzig Minuten später. Indem ich hart und konsequent bleibe, erreichen wir schließlich einen Beginn mit einer Viertelstunde Verzug. Ich erkläre allen, dass die Zeit recht knapp sei, wir noch viel vor uns hätten und werde ernst genommen. Wir beginnen locker, aber konzentriert, werden dann mitunter albern, lachen viel. Es kommt auch zu Missverständnissen meiner Erklärungen, was ich an den Reaktionen erkenne. Ich bitte darum, mein Französisch immer und konsequent zu korrigieren, werfe auch mal etwas in Wolof ein. Eines meiner Lieblingswörter in Wolof ist *diaxassor* (das x wird wie ein hartes ch ausgesprochen), was so viel bedeutet wie Chaos und Durcheinander. So bin ich bemüht, einen Probentag nicht im *diaxassor* enden zu lassen, sondern stets einen kleinen Punkt zu setzen – als Ausgangspunkt für den kommenden Tag.

Von mittags bis nachmittags habe ich eine große Pause, kann in Ruhe essen, mich ein wenig ausruhen, denn die Temperaturen steigen tagsüber an und mein Kreislauf braucht Zeit, sich an die Hitze zu gewöhnen. Die Brise vom Atlantik ist ein Geschenk, und oft nehme ich ein kurzes Bad in den Wellen, um mich abzukühlen.

Es kommt vor, dass ich schon sehr früh aufstehe und noch vor dem Frühstück am Strand entlanggehe, eine besondere Stimmung, wenn alle noch zu schlafen scheinen. Manche vom Personal grüßen mich herzlich. Sie sind schon in den frühen Morgenstunden aktiv, richten die Liegestühle her, fegen, bereiten das Frühstück für die Gäste vor, alles mit einer beeindruckenden inneren Ruhe.

Seit ein paar Tagen fällt mir ein Afrikaner besonders auf. Er ist so anders als die anderen, wirkt sehr ruhig, eher zurückgezogen. Er hält sich nicht bei den Musikern auf, sondern hat seinen festen Platz ein wenig abseits. Ich begegne ihm ab und zu, begrüße ihn erst von Weitem und dann stelle ich mich ihm persönlich vor: *„Salut, je suis Inge."* Er heiße Ibrahima, sagt er, und schüttelt mir kraftvoll die Hand.

Eines Morgens sehe ich ihn am Strand. Er trainiert, läuft sich warm. Als ich von meinem Spaziergang zurückkehre, glättet er mit seinen Füßen den Sand, verbeugt sich zur Sonne und beginnt mit Bewegungsfolgen, die mich an Tai-Chi-Chuan oder Qi-Gong erinnern. Er trägt einen besonderen Anzug, und ich erkenne das Yin-Yang-Zeichen vorn auf der Brust. Ich beobachte ihn und bin fasziniert von der Schönheit seiner Bewegungen. Abends trainiert er wieder in den Sonnenuntergang hinein, dieses Mal am kleinen Strand, abseits der Touristen. Er wirkt hoch konzentriert, ist ganz bei sich und dem, was er tut. Ich bin neugierig und frage ihn, ob es ihn störe, wenn ich ihm zuschauen würde. Er heißt mich willkommen und lädt mich ein, es sei kein Problem, im Gegenteil! Ich schaue ihm zu, verfolge die geschmeidig fließenden Bewegungen des Tai-Chi. Er scheint diese Bewegungsabläufe seit Langem zu beherrschen. Als er fertig ist, applaudiere ich und bedanke mich fürs Zuschauen. Er schenkt mir ein Lächeln. In den nächsten Tagen begegnen wir uns wieder.

Ich sage ihm, dass ich eine Querflöte mitgebracht habe und mir beim Zusehen Melodien in den Sinn gekommen seien, seine Bewegung mit der Flöte zu begleiten.

Er sieht mich ernsthaft an und sagt mir, dass er Flötenmusik sehr möge, besonders die der indischen Bambusflöte. Wir könnten gerne einmal mit Musik und Bewegung experimentieren. Er möge es, etwas Neues auszuprobieren. Wir vereinbaren ein Treffen an einem der nächsten Abende, ich freue mich schon.

Und dieser Abend wird besonders – sehr besonders! Ibrahima fühlt sich durch mein Spiel geführt und getragen und ich fühle mich total frei im Spiel, reagiere auf ihn und versuche die Gesten melodisch aufzufangen, zu variieren, ein interessantes Hin und Her entwickelt sich. Ich habe noch nie auf der Flöte improvisiert, nie ohne Noten gespielt. Wieder vergesse ich Zeit und Raum, und wir merken nicht, dass es schon spät geworden ist. Er lächelt und meint, man habe ihm erzählt, ich sei Sängerin, aber dass ich so Querflöte spielen könne und er sich derart getragen fühlte durch diese zarte Musik, so etwas habe er selten erlebt. Ich bin auch ganz erstaunt und wundere mich, dass mein Atem reichte für lange Phrasen, dass ich mir während des Spiels keine Gedanken über das Atmen machte und es einwandfrei gelang, seltsam! Wir verabreden uns für den übernächsten Tag, und dann sehen wir uns wieder und wieder, lange Gespräche folgen. Er erzählt mir von dem harten Training und der Disziplin der Shaolin-Mönche, seinem Traum, irgendwann in seinem Leben einmal dort sein zu dürfen. Seine Stimme ist rau und recht kraftvoll. Doch in seinen Augen spiegelt sich ein sanfter Brunnen, unendlich tief, und sie strahlen, wenn er von seiner Kunst erzählt, besonders dann. Unsere Gespräche in den kommenden Wochen werden immer länger. Ich erinnere mich noch genau an den Moment, den Augenblick, indem seine Worte an mir vorbeizuschwimmen schienen, in dem sie wie ein Regenbogen in mich hineinflossen. Ich sehe nur noch seine Lippen, wie sie sich bewegen und höre kein Wort mehr, nicht mehr bewusst, entgegne ihm nichts mehr. Dann, irgendwann, lächelt er, weil er merkt, dass ich abwesend bin. Wir schweigen – und in diesem Schweigen verbirgt sich eine Sehnsucht, diesen Menschen näher kennenlernen zu wollen.
Beim nächsten Treffen habe ich meine Querflöte im Gepäck.

Ibrahima begrüßt mich mit einer verbeugenden Geste, so wie er es in seinem Training tut: *„Salam maleikum."*
Bevor wir anfangen, setzen wir uns an den Strand, beginnen ein Gespräch und hören nach Stunden noch nicht auf. Wir kommen nicht zum gemeinsamen Proben, aber wir spüren eine tiefe Sympathie füreinander, die von Tag zu Tag wächst, schließlich Herzklopfen verursacht, wenn ich ihn nur sehe, wenn ich von weither seine Stimme höre, seine Spuren morgens früh im Sand sehe. Er hat schon früh mit seinem Training am Strand begonnen.
In den kommenden Proben mit den Tänzerinnen geht er mir nicht mehr aus dem Kopf, *keinen* Moment. Ich kann mich kaum aufs Singen konzentrieren. Ich versuche, ihn mir regelrecht aus dem Kopf zu schlagen, doch es gelingt mir nicht.
Die Tänzerinnen bedanken sich nach den Proben, wünschen mir lächelnd einen schönen Abend, und dann sehe ich ihn wieder. Ich sitze in einem der zum Meer gewandten Stühle. Er kommt näher, berührt meine Schulter für Sekunden, und mich durchströmt ein Blitzschlag. Er begrüßt mich und bedankt sich nochmals für den Abend, an dem ich ihn mit der Querflöte begleitete. Ich strahle ihn an und spüre viel Sympathie in seinen Augen, seine wirkliche Freude darüber, dass wir eine Form der Zusammenarbeit gefunden haben. Ich finde keine Worte, rede irgendwas in Französisch und verheddere mich in meinen Worten.
Er setzt sich neben mich in den Stuhl. Ich schaue ihn an und sage ihm, dass meine Querflöte neulich Abend von allein gespielt habe und ich während des Spiels selbst erstaunt gewesen sei, wie harmonisch und passend sich die Musik zu seiner Bewegung gefunden habe, fast wie von selbst. Ich sage ihm, dass ich gewohnt sei, nach Partituren zu spielen, klassische Noten einstudieren würde, dass ich so etwas noch nie probiert habe. Er sieht mich an mit seinen brunnentiefen Augen, stimmt mir zu, nickt

und sagt, ihm sei es mit der Bewegung ähnlich ergangen. Er habe das Gefühl, dass meine Musik ihn regelrecht geführt und getragen hätte. Ich strahle ihn an und schmunzele vor mich hin.

Abends im Bett versuche ich mir mein Gefühl auszureden. Er geht und geht mir nicht mehr aus dem Sinn. Ich nehme mir fest vor, die kommenden Tage mit Disziplin und *Power* durchzuziehen, meine Proben gewissenhaft zu leiten und mich vollkommen *darauf* zu konzentrieren. Und dann ist er immer wieder da, vor mir, in meinen Gedanken. Ich höre innerlich seine Stimme, sehe seine Augen und habe nur noch ein Bedürfnis, ihn wieder und wieder zu sehen. Am nächsten Tag gehen wir am kleinen Strand entlang, klettern über ein paar Felsen, laufen an den Fischerbooten vorbei. Ich wate mit den nackten Füßen durch die auslaufenden Wellen. Ich spüre unser beider Ausgelassenheit und Leichtigkeit, wie die zweier Kinder. Wir lachen viel und am Ende, ganz am Ende des Strandes geben wir uns die Hand, schauen uns an und können die Hände nicht mehr voneinander trennen. Ich spüre in seine Hand. Sie ist kraftvoll und stark. Dann klettern wir über weitere Felsen und sehen eine kleine Bucht, in der niemand uns sehen kann. Mein Herz klopft, es rast, ich halte seine Hand immer noch fest und dann umarmen und küssen wir uns. Ich fühle mich frei und alles um mich herum löst sich vollkommen auf. Ich fliege und falle gleichzeitig ins Unendliche. Der Boden unter meinen Füßen existiert nicht mehr...

Wir schauen uns an, umarmen uns noch einmal und gehen dann Hand in Hand weiter. Ich taumle und fühle mich benommen. Dann schlendere ich wieder mit den Füßen durchs Wasser, seine Hand haltend. Mein Herz zerspringt und der Boden unter mir fühlt sich ganz anders an als zuvor. Es zerreißt mich fast in meinem Inneren und ich weiß, dass ich diese Hand nicht mehr loslassen kann. Leute kommen uns entgegen. Wir halten uns fest, als seien wir eins, laufen nun gemeinsam durch die auslaufenden Wellen.

Ibrahimas Händedruck ist kraftvoll – er hat Pianistenhände. Ich lächle vor mich hin, und mitten im Träumen schießt mir ein Gedanke in den Kopf: Um 16:00 Uhr geht meine Probe im Theater weiter! Ich schaue auf die Uhr und es ist 16:15 Uhr! Ich erschrecke zutiefst und schaue ihn an, sage ihm in aller Aufregung, dass ich die Probe mit den Tänzerinnen total vergessen habe…

Wir lachen, eilen Hand in Hand zurück zu den Felsen und dann sage ich ihm, dass ich schnell weiterlaufen wolle. Ich küsse ihn und renne, als ging's um mein Leben.

Um 16:30 Uhr komme ich außer Atem im Theater an, entschuldige mich, denn ich kam noch nie zu spät, sage allen, dass ich am Strand geträumt und die Zeit vergessen hätte. Es würde nicht mehr vorkommen.

Wir arbeiten normal weiter und ich wundere mich, dass keiner gegangen ist. Alle sind da, üben für sich und warten geduldig auf mich. Ich brenne und lodere im Inneren – und wir haben eine sehr ergiebige Probe, ich erinnere mich genau. Irgendwann kommt Ibrahima am Theater vorbei, schenkt mir einen Blick und mir fließt der Boden wieder unter den Füßen weg. Meine Güte – wie soll das nur weitergehen?

Die Liebe zu Ibrahima kennt noch viele Geschichten und Erzählungen. Unsere Wege trennten sich, doch wir sind bis heute Freunde geblieben und schätzen einander sehr. Der Wunsch eines gemeinsamen Projektes bleibt noch offen: die Umsetzung unserer Idee, seine Bewegungskunst mit meiner Musik zu verbinden.

Eines meiner Chansons ist Ibrahima in Wolof gewidmet. Es trägt den Titel „Yallna la Yalla sam" – Möge Gott/Allah dich begleiten.

YALLNA LA YALLA SAM – MÖGE GOTT DICH BEGLEITEN

Yallna la Yalla sam.
Ndax nga da djek joonu diamme.
Yoonu diamme sorré whul.
Man loolu lala yenné, tomaangi tchissä ginaao.

Möge Gott/Allah dich begleiten und beschützen!
Und mag dein Lebensweg friedvoll verlaufen.
Sei getragen von diesem inneren Frieden
Und dir gewiss: Ich bleibe als Freundin an deiner Seite!

SONNENUNTERGÄNGE IN AFRIKA

Wer kennt sie nicht, die romantischen, fast kitschigen Postkarten mit Köcherbäumen aus Namibia, Bäumen der Savanne, vom Wind gezeichnet, im Sonnenuntergang. Ein blutorangefarbener, feuriger Himmel mit Baumsilhouetten, so schwarz, als seien sie unwirklich, einem Scherenschnitt aus dunkler Pappe gleich, phantastisch wie die Bilder aus dem Film *Jenseits von Afrika* mit Meryl Streep und Robert Redford.

Während meiner Zeit im Theatergelände L'Engouement, draußen bei den Gärtnern, verbrachte ich viele Nächte unter freiem Himmel mit einem Blick auf die Sterne, die manchmal so unglaublich nah schienen und zum Pflücken greifbar über uns strahlten. Wir philosophierten über Gott und die Welt, über ferne Galaxien, die Schönheit des Sternenhimmels in diesem Moment. Und jeden Abend schaute ich verzückt und verträumt in die untergehende Sonne, rief manchmal alle herbei, sie mögen diesen Blick in sich aufsaugen und den wunderschönen Baobab betrachten, der mutterseelenallein in der Steppe stand, stark und kraftvoll. Von der Terrasse aus hatte ich ihn genau im Visier, und hinter ihm am Horizont ging die Sonne wie ein Feuerball unter. Mal wirkte sie riesengroß, mal tauchte sie in eine Wolkendecke ein. Manchmal brachte sie den Baobab nach dem Untergang noch lange zum Leuchten, wie pure Magie. Dieser Augenblick regte mich spontan zum Tanzen an, genau in diesem Moment, weil ich spürte, dass die Energie in der Atmosphäre eine ganz besondere war. Dann steckte ich die Gärtner an, mitzutanzen.

Alle waren erschöpft von einem langen Tag. Die Hitze hatte sich tagsüber in all unsere Poren gebrannt, kein Wind, der die Haut kühlte, so ganz anders als am Atlantik, der nur einen Katzensprung entfernt lag. Uns fiel sogar das Atmen schwer, das Gehen verlangsamte sich. Wenn ich den Hügel zum Haus hinaufging, blieb ich manchmal stehen, um neu Atem zu schöpfen. Doch dem Abendhimmel der untergehenden Sonne entsprang eine unglaubliche Kraft und Lebensfreude. Wir waren einfach glücklich, diesen Moment miteinander zu teilen. Dann hielten wir alle wie versteinert inne und schauten in den wunderschönen Himmel. Manche um mich schüttelten den Kopf und schmunzelten über meine Verzückung, doch als ich sie wieder und wieder einlud, sich dieses Schauspiel anzusehen, spürten auch sie diese Energie und den ganz besonderen Augenblick eines jeden Tages.

Manchmal überkam uns eine tiefe Dankbarkeit über dieses göttliche Wunderwerk und dann sprudelte sie tanzenderweise nur so aus uns heraus.

Babacar, der Chauffeur, erzählte mir einmal, auch er säße oft am Meer während der Sonnenuntergänge. Dann würden seine Gedanken in alle Himmelsrichtungen getragen, weit weg bis zum Horizont, und er sei ganz in den Moment versunken.

So geht es mir auch, besonders am Meer. Ich sah Hunderte Sonnenuntergänge dort, ganz bewusst mit innerer Hingabe und Vorfreude, und es ist wahr, dass kein Sonnenuntergang dem anderen gleicht. Der endlos weite Blick zum Horizont, das Rauschen des Meeres, das den Sonnenuntergang begleitet, der weite Himmel über einem, das Wolkenspiel. Manchmal ist der Abendhimmel wie von einer Flaumdecke mit hauchdünnen Wolken durchwebt. Sie ähneln Vogelfedern, Flügeln, zarten, transparenten Gebilden, und in der Reflexion des Sonnenlichtes verändern sie ihre Wirkung, sind mal unendlich entfernt und dann scheinen sie in einer gleißenden Klarheit unmittelbar über einem zu sein. Ich bin verzückt und könnte endlos einfach nur schauen, denn es sind gerade diese Rhythmen der Natur, die mich faszinieren. Wäre der Himmel nur strahlend blau, wäre das Schauspiel nicht so faszinierend. Wie in Zeitlupe wirkt es, als ein großer

Vogel mit ruhigen Schwingen an der Küste entlangfliegt, durch die Abendsonne hindurch, genau jetzt, für mich, ich grüße ihn.

Ja, der Himmel hat tausend Gesichter, ist grenzenlos. Wie schaffen es die vielen Maler nur, dieses Spektrum an Farbnuancen festzuhalten? Schon nach wenigen Minuten verändert sich die ganze Atmosphäre und das Spektrum verwandelt sich wie von Zauberhand.

Ich denke an Vincent van Gogh, der fast immer vor den Motiven malte. War er nicht ständig von einer inneren Unruhe geplagt, das Licht so einfangen zu wollen, wie er es genau in diesem Augenblick wahrnahm und erlebte? Seine Bilder wirken stark in mir nach. Er wählte mutige Farbkompositionen, und ich mag seinen schwungvollen und lebendigen Pinselstrich. Vor allem aber beeindruckt mich die intensive Leuchtkraft seiner Bilder. In seinen berühmten Motiven mit Zypressen und Weizenfeldern, der „Sternennacht" oder dem „Spaziergang im Mondlicht" fängt er genau dieses Strahlen der Atmosphäre ein!

Ach, könnte ich einmal in meinem Leben malen und das in Farben ausdrücken, was ich sehe und fühle. Nicht abstrakt, das versuche ich immer mal wieder, nein, real und gegenwärtig, unmittelbar und in den Farben, die ich wahrnehme, das wäre wunderbar.

Wenn mich die Melancholie in Deutschland packt, dann erinnere ich mich an die farbintensiven Sonnenuntergänge, an den Baobab draußen bei den Gärtnern, und ich fühle mich ein wenig, als sei ich wirklich dort. Die Gerüche und die Stimmen der Steppe fehlen zwar, das Umherschwirren der Fledermäuse in der Abenddämmerung, die Schakale, die von weither zu hören sind und – je nachdem wie der Wind steht – die Trommelrhythmen aus dem Dorf. Ich erinnere mich ganz unmittelbar an besondere Augenblicke und Momente, fange diese Stimmung ein, es ist möglich, ein kleines Stück weit.

Während meiner Recherche bezüglich der traditionellen Lieder, versuche ich die Melodien auf dem E-Piano nachzuspielen und sie aufzuschreiben. Im Gelände schauen die Senegalesen, die dort arbeiten, schon einmal herein in mein kleines Zimmer und setzen sich lautlos auf den Boden, denn sie wollen mich nicht stören. Und nach einer Weile gehen sie wieder, wünschen mir einen schönen Tag. Wir sehen uns meistens beim Essen wieder. Ich lade sie ein, zu kommen und zu gehen wie es ihnen beliebt, und manchmal kommen wir auch ins Gespräch.
So erinnere ich mich an ein besonderes Gespräch mit Djibril, einem der Gärtner. Mir fiel seine Stimme schon mehrmals auf und dann singt er ein Lied in der Serer-Sprache, der Sprache seiner Familie. Er erzählt aus seinem Dorf, von seiner Tradition, dass er aus einer Griot-Familie stamme, dem Weg seiner Brüder jedoch nicht gefolgt sei. Er habe ein großes Repertoire, denn die Lieder würden immer und immer wieder bei festlichen Anlässen im Dorf gesungen. Dann frage ich ihn nach der Bedeutung des Liedes, das er mir gerade gesungen hat. Sinngemäß übersetzt bedeutet es Folgendes:

Mein Gott, was habe ich getan?
Alle im Dorf reden über mich, was habe ich bloß getan?
Hilf mir, mich in Geduld zu üben.

Er singt das Lied noch einmal für mich, wiederholt es und schmückt es mit kleinen Verzierungen aus, singt Ornamente hinein, sodass es nie gleich klingt. Es gefällt mir sehr und ich möchte es erlernen. „Gern", meint er. Wir singen im Wechsel, er vor, ich nach. Dann korrigiert er meine Aussprache ein wenig, singt wieder, variiert seine Verzierungen. Wir singen und singen, bis uns die anderen zum Essen rufen. Ich sage ihm, dass ich versuche, dieses Lied am Klavier zu singen, irgendwann. Und nach genau sechs Jahren singe ich es live im Theater. Djibril ist leider nicht da, doch ich denke an ihn, wenn ich es singe. Ich habe die kleinen Verzierungen mit eingebettet. Viel Freude damit!

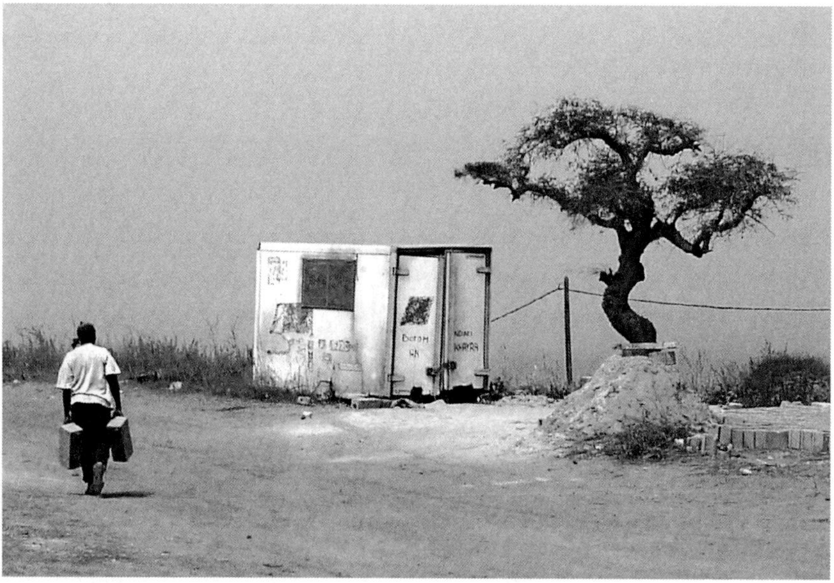

En yami uaru

En ya - mi ua - ru en ya - mi ua - ru

ya nu - ku - ru ka - da a - uo yén - gas - so

A - du - na - ning - bo ya - nu nin - ga - da

fa - i - ki mun-yé

DIE RITI-GEIGE UND DIE KORA

Neben den Trommeln höre ich die Klänge der einsaitigen *Riti-Geige* sehr gern. Sie gehört zu den typischen traditionellen Instrumenten des nomadischen Peulh-Volkes im Senegal. Riti und *Kora* passen klanglich wunderbar zusammen. Die Kora wird mit ihren 21 Saiten auch afrikanische Stegharfe genannt. Ihr Korpus ist aus einem ausgehöhlten, getrockneten Kürbis geformt.

Djibril und Dialli musizieren seit vielen Jahren im Kulturzentrum und sind ein eingespieltes Team auf den beiden Instrumenten. Sie laden mich immer wieder zum Zuhören ein.
Wenn Dialli mit den Musikern zusammen spielt, schließt er seine Kora meistens an einen Verstärker an, da die zarten Harfentöne sonst von den Trommeln übertönt werden. Auch Djibril mit seiner Riti kommt klanglich ohne Verstärkung nicht aus. Die vermeintliche eine Saite dieser traditionellen Geige ist aus vielen kräftigen Pferdeschweifhaaren zu einer dicken Saite gebündelt. Er spielt sie mit einem Rundbogen, der ebenfalls mit Rosshaaren bespannt ist.

Das folgende, ruhig fließende Lied erlernte ich von Dialli. Es erzählt von dem Hirten Nuria:

NURIA

Nuria oh Nuria
Nuria bésséli téla
Mokiling bésséli téla
Alina bon'ka déma
Allah lé fao yé so Nuria, aah Nuria

Nuria geht hinaus in die Felder voller Kräuter.
Gott hat ihm die Kraft dazu gegeben.
Lasst uns mit ihm gehen und ihn begleiten.

Aussprache: „fao" spricht sich nasal aus am Ende – klingt ein bisschen wie Portugiesisch.
Bei „ssé" – mit anschließendem Akzent auf dem Vokal – spricht man das „s" wie ein scharfes „ß" aus, also „ßé".

Wenn Dialli dieses Lied mit der Kora begleitet, klingt es friedvoll und ruhig. Die Melodie bettet sich wunderbar in den schlichten Begleitrhythmus der Trommel ein.
Anfangs verwirrte mich der Auftakt von *Mokiling bésséli téla,* da ich diese Textzeile eher ganztaktig empfand. Ihnen mag es ähnlich gehen. Die ungewohnte Wort-Ton-Verteilung kann die Ursache hierfür sein.

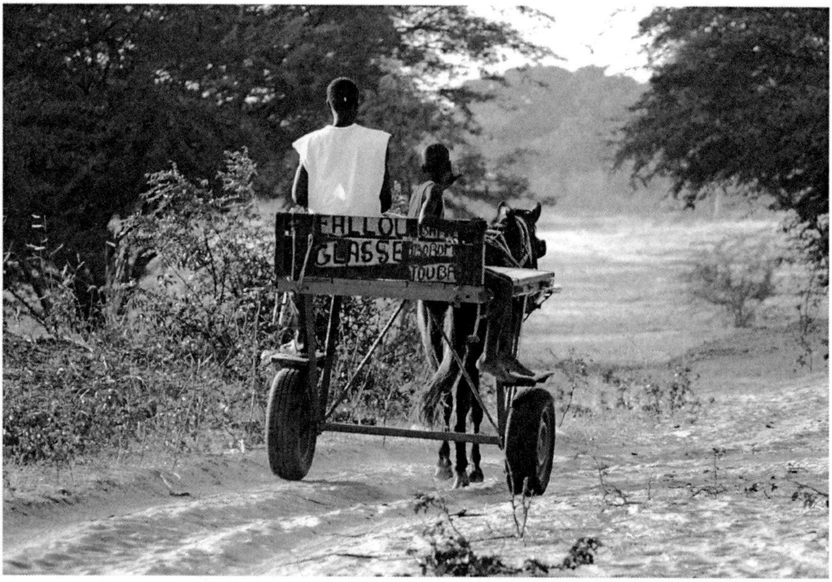
FALLOU
GLASSE
TOUBA

Nuria

Nu - ri - a oh Nu - ri - a, Nu - ri - a bés - sé - li - té la

Mo - ki - ling bés - sé - li té - la, a - li - na bo nka dé - ma Al - lah lé fao yés - so Nu - ri - a ah

Nu - ri a Nu - ri - a oh Nu - ri - a, Nu - ri - a bé - kun - ko sé - pu - la

Mo - ki - ling bés - sé - li té - la, a - li - na bo nka dé - ma diam - bé di - lé

Al - lah ku - ti - man - ssa.

Bewegungsbegleitung: Pro Takt nehmen wir einen Wiegeschritt nach rechts und setzen das linke Bein nach. Dabei nehmen wir die punktierte Viertelnote als Puls der Schritte. Die Rechtsbewegung erstreckt sich über zwei Takte und wechselt wieder nach links in die Ausgangsposition zurück. Im zweiten Wiegeschritt tippt das linke Bein nur mit der Fußspitze auf den Boden.

In der schematischen Darstellung bezeichnet das X die Ausgangsposition: Wir beginnen mit dem rechten Fuß:

X   RE   RE

   LI (ganzer Fuß)   LI (Fußspitze)

Hinweis: Mit dem letzten Aufsetzen des linken Fußes können wir gleichzeitig mit unseren Fingern dazu schnippen. Dabei drehen wir den ganzen Oberkörper zur rechten Seite mit und blicken mit dem Kopf in die gleiche Richtung.

Beim Rückweg in die andere Richtung ergibt sich das Schnippen entsprechend umgekehrt und wir blicken im Moment des Fingerschnippens in die linke Richtung, drehen den Oberkörper wieder seitlich mit. Hierbei können wir gerne den Blick unseres Nachbarn einfangen und ihn erwidern. Dieses Sich-zunicken gelingt ganz gut, wenn die Gruppe zunächst kreuz und quer durcheinander steht, sich quasi seitlich einander zuwendet oder einander schräg gegenübersteht. Bei jedem Seitenwechsel können wir uns nun einem neuen Partner per Blick zuwenden.

X: Wir gehen nach links zurück in die Ausgangsposition und beginnen von vorn:

         LI   LI   X

   RE (Fußspitze)   RE (ganzer Fuß)

Folgender Begleitrhythmus unterstützt den Wiegenschritt:

Bei den meisten traditionellen Tänzen, die ich im Senegal erlernt habe, wurde dieser wiegende Schritt zum Einschwingen in den Tanz vorweggenommen. Der Appell der Djembé gibt schließlich das Zeichen für den unmittelbaren Beginn des eigentlichen Tanzes.

Hier eine rhythmische Variante der Begleitung:

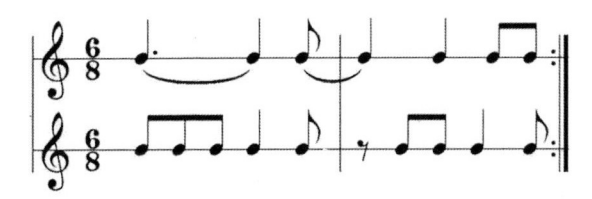

UNVORHERSEHBARES

Im Senegal verläuft kein Tag so, wie du ihn geplant hast! Vielleicht hast du dir zwei, drei Dinge vorgenommen, sie anvisiert, doch unmittelbar ändern sich die Pläne, wie im Handumdrehen. Schon allein die Tatsache, dass man Stunden unterwegs ist, um über Internet mit Freunden zu Hause in Kontakt zu sein...
Im Sammeltaxi ist der Weg mit mehrmaligem Umsteigen verbunden. Die Straßen sind in keinem guten Zustand, die Autos recht langsam, es ist heiß, man ist unterwegs, hat noch nichts in Angriff genommen und ist schon erschöpft und einfach müde vom bloßen Sein.
Und als Europäerin ist man natürlich, falls man nicht in senegalesischer Begleitung ist, permanent Zielscheibe der einheimischen Bevölkerung, vor allem der des männlichen Geschlechts!
Ich kann mich schon ganz gut abgrenzen und mit einigen Sätzen Wolof schützen vor den Heiratsanträgen, vor den unentwegten Liebeserklärungen, wenn ich allein am Strand entlanggehe. Anfangs war ich dabei sehr rigoros, doch mittlerweile spreche ich ein paar nette Worte, ganz ungeniert, und dann bitte ich doch eindringlich darum, *allein* weitergehen zu können, eine Methode, die respektiert wird. Ich habe endlich einen Weg gefunden, gelassener zu bleiben.
Verabredungen und Treffs verlaufen auch nicht nach europäischem Maßstab. Ich kalkuliere mittlerweile eine halbe Stunde mehr ein, wenn ich einen Probentermin mit Musikern oder einen Treffpunkt mit Senegalesen vereinbare. Das schafft mir innere Ruhe. Ich nehme mir meist ein Buch mit, ein Blatt Papier und einen Bleistift oder einfach die innere Gelassenheit, dass es so ist und ich nichts daran ändern kann!
Der Senegal öffnet mir die Augen für viele Dinge, die bei uns rar sind: Offenheit, Zeit füreinander, ein ständiges Miteinander. Im-

mer wieder werde ich zum traditionellen senegalesischen Tee eingeladen. Natürlich hat das Leben in Deutschland im Vergleich viele Vorzüge, bietet Komfort und Bequemlichkeit: Kein Warten auf den Bus, alles ist im Supermarkt erhältlich, wir haben viel Platz zum Leben, immer ein bequemes Bett, ein Dach über dem Kopf. Und hier lebt man von der Hand in den Mund. In einer großen Familie sind es nur wenige, die regelmäßig zur Arbeit gehen. Sie versorgen die ganze Familie mit.

Die Artisten des Kulturzentrums erhalten mehrmals im Jahr die Chance, ein Tanz-Projekt in Europa zu realisieren. Dabei entstehen Kontakte, Freundschaften, Beziehungen. Ich kenne nun schon ein paar Künstler, die den Sprung nach Europa wagten, dort leben und verheiratet sind.

Die afrikanische Kunst – ob Musik, Tanz oder Malerei – ist etwas ganz Besonderes, Wertvolles und unbedingt zu Schützendes! Ich wünsche mir eine stabile Brücke nach Europa, einen mehr und mehr wachsenden interkulturellen Austausch unter den Künstlern und Völkern.

L'ENGOUEMENT – EINE OASE FÜR ALLE SINNE

Meine Begegnung mit Tony Vacca und Abdou Sarr

Im März 2010 verbrachte ich viel Zeit in L'Engouement, dem fast märchenhaft wirkenden Theatergelände, das, ähnlich wie L'Espace Sobobadé, eine Oase für alle Sinne ist. Hier kommt jedoch noch eine wesentliche Komponente hinzu: Es ist absolut friedlich und still. Einziger Nachteil gegenüber der Küste: Die Temperaturen sind oft drückend heiß und der erfrischende, abkühlende Wind des Atlantik lässt hier draußen auf sich warten.

Fast täglich kommen Besucher hierher und besichtigen das Gelände mit dem privaten Rundhaus von Gérard Chenet, das regelrecht oben auf einem Hügel trohnt. In den kuppelartigen Bauten, die teilweise noch in der Konstruktion sind, wird neben den zukünftigen Konzerten und Theateraufführungen für das leibliche Wohl gesorgt. Essen und Trinken in ägyptischer Architektur mit einem Blick in die umliegenden Baobabs und auf das Theater, das mich in seinem Stil an die aus Lehm erbaute Moschee in der Stadt Moro in Mali erinnert. Ein Ehepaar erzählt mir von der besonderen Projektidee eines Operndorfes, das in einem westafrikanischen Land entstehen soll. Ich hörte bisher nur am Rande davon. Wer weiß, vielleicht können sich beide Theater (L'Engouement und dieses Operndorf) in Zukunft befruchten, sollte das Projekt in Mali, dem Nachbarland des Senegal, realisiert werden. Die Bahnverbindung von Dakar nach Bamako ist wohl nach wie vor einmal in der Woche in Betrieb.

Während meiner Vorbereitungen für das Konzert nehme ich immer wieder Reißaus und verschwinde in den verschiedenen Bauten, probiere die Akustik aus. In den Kuppelbauten klingt meine Querflöte wunderschön, und wenn ich zentriert stehe, kann ich flüstern und werde weit hinaus verstanden. Besucher, die den

Weg vom Atlantik her zu Fuß zurücklegen, teilen mir mit, dass sie meine Stimme von weit her wahrgenommen hätten...

Eines Tages – ich bin wieder am Singen und mein kleiner Gast lauscht auf der Fensterbank – höre ich Stimmen vor der Tür, Begeisterung und Lachen, und als ich aus dem Fenster blicke, erkenne ich Tony Vacca, einen exzellenten Perkussionisten aus den USA. Seit vielen Jahren kommt er her, plant und managt Projekte unter dem Namen *Senegal-America-Project*. Er spielt an riesengroßen Gongs, hat eine eigene Mechanik entwickelt, Xylophone noch klangvoller zu bauen (er verstärkt sie wie die Afrikaner mit Kalebassen unter den Tonstäben). Seine Spieltechnik ist außergewöhnlich, und er konzertiert in den unterschiedlichsten Ensembles mit Musikern aus der ganzen Welt. Erlöse seiner Konzerte fließen unter anderem in den Bau von Schulen im Senegal. Während meines zweiten Aufenthaltes im Senegal ist er für ein paar Wochen mit Kindern aus Amerika da, die gemeinsam mit senegalesischen Kindern und einem Organisationsteam eine Grundschule nicht weit von Toubab-Dyalaw von außen und innen farbig gestalten.
Ich bin sehr beeindruckt von dieser Initiative, der Realisation und Durchführung seiner Idee. Einmal erzählt er mir, dass ein Container aus den Vereinigten Staaten mit Material für diese Schule unterwegs sei.
Ich bewundere ihn für seine beharrliche Art.
Parallel zur Fassadengestaltung der Schule erteilt er Trommelworkshops für die Kinder aus Amerika. Mit in seinem Team sind ein senegalesischer Tama-Spieler und ein senegalesischer Tänzer, die beide seit vielen Jahren mit ihm zusammenarbeiten. Die Tama, auch *talking drum* (sprechende Trommel) genannt, ist die klangintensivste und nuancenreichste Trommel, die ich je hörte. Sie ist recht klein, wird unter den Arm geklemmt und mit einem kleinen Schlägel aus Holz sowie den Fingerspitzen angeschla-

gen. Durch das An- und Entspannen des Oberarms kann die Tonhöhe dieser kleinen Trommel sehr stark variiert werden.

„Alles ist Rhythmus und Bewegung, und wenn wir im flow sind, wird alles ganz leicht", sagt Tony.

Ich beobachte ihn am Balafon und habe das Gefühl, dass er mit seinem Bewusstsein in eine andere Welt eintaucht. Ja, bei Tony spüre ich, dass er in seinem Element ist, wenn er musiziert. Alles fließt voller Freude aus ihm heraus und versprüht pure Energie!

„Erst wenn Intuition sich mit Hingabe paart, wenn Loslassen und Zulassen ihre Gegensätzlichkeit verlieren und wenn aktives Handeln und passives Geschehenlassen gleichermaßen präsent sind, gelangen wir gleichsam von selbst in den rhythmischen Fluss."[3]   Reinhard Flatischler

Die Lust, mit der er sich rhythmisch ausdrückt, steht ihm ins Gesicht geschrieben.

Auch ich habe sie in Afrika für mich wiederentdeckt: die Lust am Experimentieren und Ausprobieren, mit der Gruppe einfach unterwegs zu sein, ohne vorgefasstes Ziel, ohne allzu feste Absichten, mit der Gewissheit, dass dieser Weg neue Türen öffnen wird, dass eine Kreation in Gang kommen wird, die sich lohnt!

Ich lade Tony zu meinem musikalischen Abend ein und er entgegnet spontan, dass er, wenn's die Zeit erlaubt, auch gerne etwas mit mir kreieren möchte. Wir schlendern den Hang hinunter und ich sehe einen Afrikaner mit großer Sonnenbrille im traditionellen senegalesischen *Bubu* (dem typisch westafrikanischen, traditionell-bunten Gewand) auf der Bühne des Theaters. Jetzt kommt er näher, setzt seine Brille ab, und ich lasse einen Juchzer los, denn es ist Abdou Sarr, ein Energiebündel von Tänzer und Choreograph, der seit vielen Jahren mit Tony in New York auftritt, dort mit seiner Familie lebt und nur noch ab und zu in den Senegal kommt. Jetzt steht er mir tatsächlich gegenüber! Ich umarme ihn strahlend, denn auch wir kennen uns seit Tonys letztem Senegal-Projekt.

Ich probte damals mit meinem Ensemble *Wétio* (in Wolof bedeutet es: Austausch) und er kam voller Neugier in unsere Proben, setzte sich und hörte einfach zu. Wir kamen ins Gespräch und ich merkte sofort, dass ihn mein Klavierspiel faszinierte. Er würde sehr gerne wiederkehren und mir zuhören, meinte er. So verabredeten wir uns für den nächsten Tag. Ich wollte unbedingt einen traditionellen Tanz erlernen, als ich hörte, dass er Tanzlehrer sei. Die Tanzstunde am Strand – mit dem weiten Blick hinaus aufs Meer – war sehr anstrengend für mich. Abdou stand neben mir und lachte mit seinen warmherzigen Augen, motivierte mich und machte mir Mut. Meine Kondition war nicht die tollste, doch ich bemühte mich mit allen Kräften! Gegen Mittag wurde die Hitze so stark, dass wir eine Pause einlegen mussten. Dann brachte er mir das traditionelle Lied *Bambo kanam fa yé* bei, das zu dem Tanz gehört, den ich soeben erlernte.

Ich singe es auch heute noch, denn es erinnert mich an Abdou, seine dynamische, lebenshungrige Art zu kreieren, zu schaffen, zu trainieren und einfach nur zu sein. (Sie finden es im Anschluss an dieses Kapitel).

Wir essen etwas mit den Gärtnern zusammen: Tony, Abdou, alle, die auf dem Gelände arbeiten (Gärtner, Maurer, Elektriker) und ich.

Abdou meint, seinen Blick auf mich gerichtet, dass er jetzt verstünde, warum er mit nach L'Engouement hatte kommen müssen. Er sei erst unentschlossen gewesen, doch jetzt wisse er, dass er mich einfach hätte wiedersehen müssen, und lächelt. Nach dem Essen verabschieden sich alle herzlich, und Abdou verspricht mir, nochmals für ein bis zwei Tage herzukommen, mit

mir zu proben und in meinem Konzert zu tanzen – zu klassischer Musik? *„Whatever",* meint er. Er freue sich darauf.
Ich winke ihnen nach und fühle mich wie eine Königin. Die beiden sind so unglaublich authentisch!
Und dann kommt er tatsächlich wieder, für zwei Tage aus Dakar, um zu klassischer Klaviermusik zu tanzen. Ich wähle eine der Arabesquen von Claude Debussy, die ich aus meiner Erinnerung spiele. Leider vergaß ich, ein paar Partituren aus Deutschland mitzubringen. So spiele ich die Werke aus dem Kopf, gestalte sie thematisch ein bisschen um, wenn ich nicht mehr weiterweiß, und füge eigene, kleine Übergänge hinzu.
Er ist müde von der langen Fahrt, die Straße sei überfüllt gewesen, voller Staus, denn alle Muslime seien von einer großen Feier zu ihren Familien zurückgekehrt.
Ich bedanke mich für sein Herkommen – und dann meint er entschlossen: *„Let's go."* Ich stelle ihm das leicht variierte Stück von Claude Debussy vor. Er hört, sieht mich an, hört wieder, schweigt, zeichnet Linien mit einer Hand in die Luft. Und dann meint er, er wolle sich ein wenig aufwärmen, ich solle einfach weiterspielen, ohne Rücksicht auf ihn. Ich bleibe im Stück, spiele Ausschnitte, singe ein paar ruhige Liegetöne hinein, spiele mit den Tempi, freue mich einfach auf das, was entstehen wird.
Dann ist er so weit und bittet mich, das Stück noch einmal zu spielen. Er hört einmal vollständig zu und dann, beim zweiten Mal, beginnt er, sich leicht dazu zu bewegen. Ich frage ihn, ob ihm das Stück gefalle und er strahlt mich an: *„Yes, it's really like flowing."*
Dann setzt er sich nochmals, schließt die Augen, hört wieder zu und meint: *„It's not easy to understand this music."* Ich weiß, was er meint und versuche mir vorzustellen, dass ich zum ersten Mal in meinem Leben klassische Solo-Klaviermusik höre, aus einer ganz anderen Tradition komme und mir einen Weg bahne, die

Musik zu erschließen. Plötzlich meint er: *„Can you please play some parts and repeat them? The whole piece will be too much in this moment."* Ich habe eine Idee: Ich gebe jedem Abschnitt im Stück einen eigenen Titel, eine Charakterisierung dessen, was passiert. Er ist begeistert und versucht mit der Umschreibung erneut in die Bewegung zu gehen. *„Yes, it's coming",* meint er, er verstünde besser, und ich solle wieder und wieder diesen oder jenen Abschnitt spielen. Ich sitze da und schaue ihm zu und staune über die Vielfalt seiner tänzerischen Ideen. Mal tanzt er wie eine Welle, schwebt wie ein Vogel oder schleicht sich heran wie eine Wildkatze. Mal ist er kriegerisch mit Pfeil und Bogen unterwegs, mal kommt eine schnelle Geste plötzlich in *slowmotion* zum Stillstand, mal tanzt er in typisch traditionellem Stil, mal wie ein Breakdancer. Ich halte den Atem an, bin fasziniert und tief bewegt. Er setzt sich wieder, Trinkpause. Dann bittet er mich, das Ganze noch einmal zu spielen. Er sitzt und lauscht mit geschlossenen Augen, skizziert Wege in die Luft. Ich brauche jetzt auch eine kurze Pause, bin hin- und hergerissen, denn manchmal möchte ich mich einmischen in seine Bewegungsfolgen, die mir so unglaublich gut gefallen. Ich halte mich jedoch zurück und bleibe die stille Beobachterin, möchte ihn nicht beeinflussen. *Seine* Idee soll sich herauskristallisieren, nicht meine.

Schade, dass ich nicht tanzen kann, denke ich bei mir. Als Abdou mich in der Probe darum bittet, ihm meine Ideen mitzuteilen, gebe ich ihm – so gut ich es vermag – ein paar Linien und Schwünge der Farben weiter, die ich empfinde, wenn ich das Stück spiele. Er versteht mich auf Anhieb, probiert wieder Eigenes aus. Und dann sagt er plötzlich zu mir: *„That's it. I know now what's going on! Thank's a lot."* Ich schaue ihn an. Er habe jetzt den ganzen Ablauf verstanden? *„Yes, it's clear and easy now. I know the way."* Ich bin sprachlos und setze mich erneut ans Klavier. Abdou bittet mich noch einmal ins Spiel hineinzusprechen, was die Titel der

Abschnitte anbelangt – und dann erkenne ich, was er ausdrücken will. Ich bin fasziniert und stürme nach dem Schlusston auf ihn zu, umarme ihn. Er hält mich fest und freut sich mit mir: *„It's really a nice piece of classic piano-music!"* Am Ende meint er, ich könne am Schluss gerne in die langen Haltetöne mit hineinsingen, dann sei er erinnert, dass das Ende des Stückes fast erreicht ist und habe einen klaren Fokus für den Schluss. Alles ist stimmig, und er sagt mir, dass er nie in seinem Leben so etwas ausprobiert habe, nie, er gleichwohl im Inneren wüsste, dass er zu jeder Musik tanzen könne, die man ihm präsentiert. Das glaube ich ihm sofort, denn es *ist* so!

Die wunderbare Erinnerung an Abdou lässt mich diese Arabesque von Claude Debussy nun immer in Verbindung mit seinen Bewegungen, seiner Geschichte, die er mit seinem Körper erzählte, spielen. Es ist perfekt und stimmig so, wie er es tanzte. *Merci beaucoup mon ami,* danke für dieses erfrischende Experiment!

Das traditionelle Lied, das ich von Abdou erlernte, erzählt von der Gefahr der Krokodile, die vor allem in der Mangrowengegend des Sine-Saloum-Deltas leben. Sie können blitzschnell reagieren und zuschnappen, sagt er mir. Die Kinder erlernen das Lied schon sehr früh, um vor den Krokodilen auf der Hut zu sein.

Abdou und ich sangen dieses Kinderlied während eines Spazierganges am Strand in einem unentwegten *Call-Response-Wechsel.* Dabei warfen wir uns die einzelnen Liedphrasen mit einladenden Gesten zu. Das ununterbrochene Wiederholen der kleinen Melodieabschnitte wurde durch unsere unterschiedlich gefärbten Stimmen lebendig, durchmischte sich mit den Wellen des Meeres, mündete schließlich in ein spontanes und übertriebenes Gestikulieren und ertönte von Toubab-Dyalaw bis in den Nachbarort Kelle!

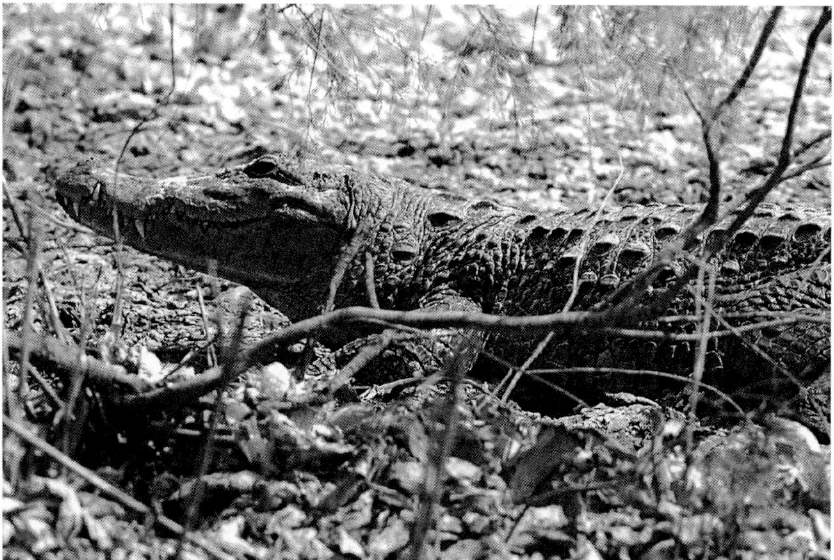

Bambo kanam fa yé

Call: Bam - bo ka - nam fa___ bam - bo___

Response: a - yé,

Call: bam - bo___ ka - nam fa___ yé. Ni - bé - la jun - ku - jun - ku na ba - da - la, bam - bo ké - ba ssé - né sam - ba.

BAMBO KANAM FA YÉ

Bambo kanam fa bambo – ayé
Bambo kanam fa yé
Nibéla junkujunku na badala
Bambo kéba sséné ssamba

Krokodil, schnapp mich nicht!
Krokodil, töte mich nicht!
Pass auf dich auf, wenn du am Ufer entlangspazierst,
denn das alte Krokodil kann dich schnappen!

Das Krokodil ist in den Mangrowen-Deltas und in der Casamance verbreitet. Den frei lebenden Tieren kommt – nicht nur im Senegal – eine starke magische und mystische Bedeutung zu.

Schaut man ins Notenbild, dann lässt der ständige Wechsel von Achteln und Sechzehnteln zunächst ein zügiges Tempo vermuten. Dieses Lied wird jedoch eher ruhig fließend gesungen. Die weichen Taktendungen der Achtel-Sechzehntel-Verbindungen betten sich nahtlos ein und die leicht hüpfenden Stellen des *junku junku* oder *bambo kéba* überraschen in ihrer Wirkung.

Übung: Wir schwingen uns wieder ein in einen ruhigen Fußwechsel, wobei die Halben das Metrum bilden. Das *ayé* wird von einer zweiten Gruppe als Response gesungen:

Die Füße übernehmen die Halben und die Hände den Rhythmus der unteren Zeile:

CALL:

RESPONSE:

Bambo kanam fa bambo *ayé*
Bambo kanam fa yé
Nibela junkujunku na badala
Bambo kéba ssené ssamba

In den Schlusstakt des Liedes mündet nahtlos ein Trommelappell der Djembé und lädt zum traditionellen Tanz ein, der sich unmittelbar in einem zügigeren Tempo anschließt.

Dieser Maracas-Rhythmus kann konsequent als Puls durchlaufen: Achten Sie dabei auf die Betonungen.

Übung aus der Rhythmik: Wir teilen die Gruppe und bilden zwei Reihen, die versetzt sich einander gegenüberstehen. Die beiden Gruppen kommen nun im Metrum aufeinander zu, wobei die 1. Gruppe mit dem Liedeinsatz beginnt. Die 2. Gruppe fällt mit dem *ayé* ein. Dabei kreuzen sich die Wege. Ein leichtes Mitschwingen der Arme und Schnippen auf die 2. und 4. Zählzeit lockert das Gehen etwas auf:

1. Gruppe *2. Gruppe*

Bambo kanam fa bambo *ayé*
Bambo kanam fa yé

Nun wechseln wir die Richtung, gehen den gleichen Weg wieder zurück, dieses Mal beginnt die 2. Gruppe:

1. Gruppe *2. Gruppe*

Nibela junkujunku na badala
Bambo kéba ssené ssamba

Hinterher tauschen beide Gruppen ihre Rolle und kommen erneut in Gang.

Wie wirkt dieses „Sich-Kreuzen" auf die Gruppe? Nehmen Sie Blickkontakt auf.

Hinweis: Sie können das Gehtempo gerne variieren – wechseln Sie ab: Einmal nehmen Sie die Halben als Metrum in die Füße und dann gehen Sie in Viertel über – welches Tempo kommt Ihnen mehr entgegen?

Der zweite Liedteil kann auch so aufgeteilt werden:

1. Gruppe	*2. Gruppe*
Bambo kanam fa bambo	*ayé*
Bambo kanam fa yé	
	Nibéla junkujunku na badala
	Bambo kéba sséné samba

Oder so:

1. Gruppe	*2. Gruppe*
Bambo kanam fa bambo	*ayé*
Bambo kanam fa yé	
	Nibela junkujunku na badala
Bambo kéba sséné ssamba	*Bambo kéba sséné ssamba*

(beide Gruppen gemeinsam)

Im Original wirft die 2. Gruppe lediglich das *ayé* ein und alles andere wird von der ersten Gruppe gesungen:

1. Gruppe	*2. Gruppe*
Bambo kanam fa bambo	*ayé*
Bambo kanam fa yé	
Nibéla junkujunku na badala	
Bambo kéba sséné ssamba	

Sind Melodie und Metrum etwas gefestigt, so können Sie den Begleitrhythmus gerne erweitern. Der folgende Rhythmus unterstreicht den Melodierhythmus des Liedes.

Begleitrhythmus:

Hinweis:

Sie können auch den Begleitrhythmus des *Eja yé ntengkérenta* als Variante mit einbeziehen. Die obigen Rhythmen lassen sich gut damit kombinieren, da der akzentuierte Puls der durchlaufenden Sechzehntel (im Verhältnis 3:3:2) gleich ist.

Oder verdoppeln Sie den Maracas-Rhythmus auf der Djembé:

GESPROCHENE RHYTHMEN

Rhythmen bringen die Menschen jeglichen Alters in Schwung, in Schwingung, sie übertragen sich unmittelbar in ein Mitschnippen, in ein „Sich-mitbewegen". Wir werden innerlich angestoßen und bleiben nicht ruhig sitzen, wenn wir afrikanische Musik hören. Kinder aller Nationalitäten beginnen unmittelbar zu tanzen oder zu laufen, in den Knien zu federn oder mit den Armen zu schwingen.

Es ist mir ein besonderes Anliegen, die mitunter komplexen afrikanischen Rhythmen in Wortsilben zu vermitteln, einer Hilfestellung, die zunächst ungewöhnlich erscheint, sich jedoch als sehr effektiv und sicher in ihrer Methodik erweist.

Thomas Ott hat in seinem Buch *Lieder und Rhythmen aus Guinea* bereits darauf hingewiesen, dass afrikanische Musiker recht erfinderisch in der verbalen Umsetzung ihrer Rhythmen sind. Alle Trommler, die ich im Senegal erlebte, sprachen oder „sangen" ihre rhythmischen Motive innerlich mit.

Bei den Solisten der Djembé spricht die Mimik oft Bände. Es scheint fast, als könne man die Rhythmen am Gesicht ablesen. Das Mitsingen ist durchaus wörtlich zu nehmen, da viele Trommeln – wie beispielsweise die Djembé oder die Tama – sehr unterschiedliche Tonhöhen und Klangfarben erzeugen können (bedingt durch die Intensität und Position der Hände bzw. Fingerspitzen beim Anschlag). Die Tama wird auch als *talking drum,* als „sprechende Trommel" bezeichnet.

Ich wünsche mir, dass ich mit diesem Kapitel eine Saite in Ihnen zum Schwingen bringe, die Ihre eigene rhythmische Kreativität freisetzt. Ich habe mit den Kindern auf der Straße, am Strand, im Dorf am Brunnen sitzend oder beim Warten auf ein sogenanntes *taxi brousse* (Buschtaxi) hautnah erlebt, wie erfinderisch und kreativ sie sind, wenn wir uns „rhythmisch" unterhielten. Ihre

Phantasie ist so reich und grenzenlos und funktioniert nonverbal, im unmittelbaren Miteinander, im Hier und Jetzt, ganz spontan, ohne große Erklärungen! Ich habe viel von diesen Kindern gelernt. Manche Sprachsilben setzten wir beispielsweise in Bewegungsgesten um, im Kreis klatschend, wobei wir dem Nachbarn einen Schlag in die Hand „weitergaben" – eine ideale Übung, um im Metrum, im *Beat* zu bleiben.

Ich versuche, Ihnen einen kleinen Teil dieses Schatzes weiterzugeben, hier zunächst am Beispiel des Liedes *Fatou Yo,* das ich Ihnen zu Beginn des Buches vorstellte. Es wird im Senegal von allen Kindern gesungen.

Übung: Wir gehen im Notenwert einer Halben im Wechsel von dem rechten auf den linken Fuß und empfinden die folgenden Silben auftaktig, sodass die Schritte auf die jeweils fett gedruckten Silben kommen.

BUTUM BÉ - LÉ BU-TUM BÉ - LÉ   BUTUM BÉ - LÉ

Wir lassen uns zunächst auf diese gleichmäßigen Schritte ein und konzentrieren uns auf ein gemeinsames Tempo, das allen in der Gruppe angenehm ist. Nun klatschen wir im *Off-Beat* genau zwischen den Schritten, also auf dem nächsten Viertel zwischen den Halben.

Eine weitere Steigerung ergibt sich, wenn wir im Wechsel zwei Achtelnoten und dann eine Viertelnote in die Zwischenschritte klatschen. Hierbei fallen die ersten beiden Achtel mit den auftaktigen Silben *Bu-tum* vor dem ersten Schritt zusammen, sodass sich folgendes Zusammenspiel von Händen und Füßen ergibt:

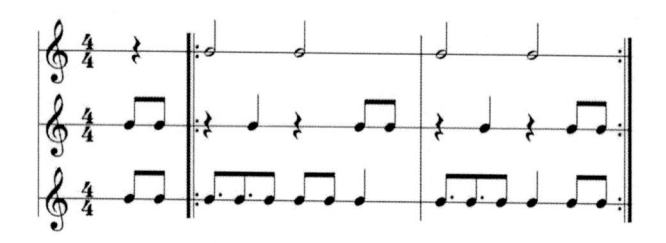

Wir sind nun in drei verschiedenen rhythmischen Ebenen aktiv:
1. die Halbe in den Füßen (ein langer Gedankenstrich vorab gelingt mir nicht)
2. die Achtel und Viertel in den Händen
3. die rhythmisch gesprochenen Silben
   Bu-tum-bé-lé

Dass dies gleichzeitig möglich ist, erscheint uns vielleicht auf den ersten Blick unmöglich, doch im gemeinsamen Miteinander gelingt dies verblüffend schnell, der gemeinsame Grundrhythmus in den Füßen wird Sie und die Gruppe tragen.

Übung: Die vier Silben laden auch ein, Eigenes zu kreieren, Neues zu schaffen und frei zu improvisieren. Behalten Sie beim Sprechen den Puls der durchlaufenden Achtel bei und verschieben Sie einfach die Betonung der Silben. Es ist verblüffend, welche Wirkung, welcher neue Effekt entsteht, wie z. B.:

BU-*TUM*-BE-LE   BU-TUM-*BE*-LE   BU-*TUM*-BE-LE   BU-*TUM*-BE-LE

BU-TUM-BE-*LE*   BU-*TUM*-BE-LE   *BU*-TUM-BE-*LE*   BU-*TUM*-BE-LE

Sprechen Sie die Silben erst in ruhigen Achteln, und wenn Sie ein Beispiel für sich entdeckt haben, das Ihnen gefällt, beginnen

Sie es auch rhythmisch zu verändern, wobei Sie die betonten Silben zunächst beibehalten. Sie können die Silben auch beliebig wiederholen oder Pausen einfügen.
Im ersten Fall kann sich daraus Folgendes entwickeln:

BU - **TUM** TUM BU LÉ BU-TUM **BÉ** - LÉ BU -

Oder Sie spielen damit, noch mehr Silben zu verdoppeln:

BUTUM **TUM**BU LÉ **LÉ** BUTUM **TUM**BU BUTUM

Eine schöne Kombination mit mehreren Pausen ist diese:

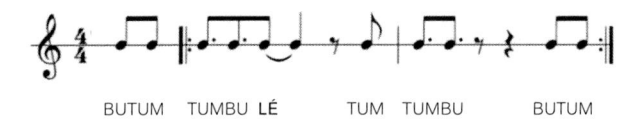

BUTUM TUMBU **LÉ** TUM TUMBU BUTUM

Spannend wird es auch, wenn wir die gesamte Gruppe in mehrere Kleingruppen teilen und jede Gruppe einen jeweils *anderen* Sprechrhythmus hat, die Füße jedoch bei allen im gleichen Metrum bleiben.

Die Rhythmen auf der folgenden Seite habe ich aus unterschiedlichen traditionellen Pattern zusammengestellt. Sie können sie mit beliebigen Vokalisen unterlegen. Als Konzentrationsübung eignen sie sich ideal zu Beginn einer Chorprobe. Probieren Sie's aus!

Ich empfehle zunächst die Viertel (Maracas) als durchgehenden Puls und dann die Halbe.

Um die dritte Rhythmuszeile sicher zu verstehen, teilen Sie den Puls in Achtel und empfinden Sie die Länge der Notenwerte und Pausen bewusst nach.

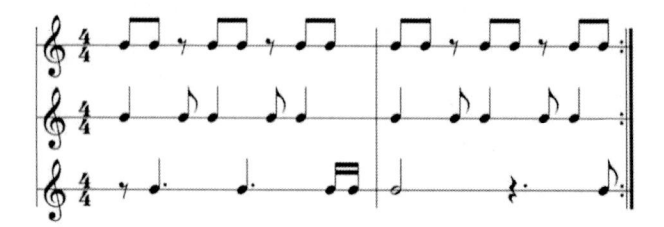

Vokalisen, die gut mit den Rhythmen harmonieren:

4/4   guga – duba – guga   /   guga – duba – guga
4/4   dab – dudab – dudab   /   dab – dudab – dudab
4/4   ding – dang – dubi   /   dong   dab

Afrikanisch anmutende Silben (wie *Butumtumbulé*) klingen natürlich origineller als Vokalisen wie *dubidong*.

Hier ein paar Ideen mit afrikanischen Silben bzw. Namen:

Kuol-bé * A-yo * Ké-ba * Bam-bo * Fa-tu * To-go * Ma-li *
Ka-nam-fa * Bo-ti-ko * Fa-mu-du * Man-yo-ya * Ko-na-té * Mande-la * Bon-go-lo * Su-ley-ko * Fon-din-ké * Ma-lin-ké * Bu-rangay * Lam-la-mo * Ké-len-to * Dia-ra-ma *
Bo-té-ka-bu * I-kam-ba-lé * Sé-né-sam-ba * Mus-sol-ben-na * Kobé-la-to * Al-la-fa-ma * I-bi-ta-to * Sin-yé-li-yé * Yé-lin-ko-lu * Ka-ra-mal-la *
Ka-ra-ba-i-lé * Ko-ro-ko-di-na * Sin-yé-li-na-ta *

Aus den vier- oder fünfsilbigen Worten können Sie auch Teilsilben auswählen, sodass 2er-, 3er- und 4er-Kombinationen entstehen.

Neben dem *Off-Beat* kommt den Pausen in der afrikanischen Musik eine entscheidende Bedeutung zu. Sie verstärken den

Spannungsbogen und mit ihnen kommen die *Off-Rhythmen* erst richtig zur Geltung:
Ich zeige Ihnen hier ein Beispiel, wie Sie das Silbenpaar *kukuka* variieren können und welche Wirkung die Pausen darin haben. Wir verschieben den Taktschwerpunkt durch die Betonung auf dem zweiten und vierten Viertel. Die Achtelpause bringt ein bisschen Spannung in den Rhythmus:

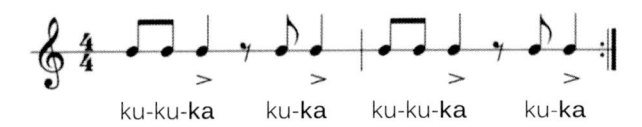

ku-ku-**ka**   ku-**ka**   ku-ku-**ka**   ku-**ka**

Im nächsten Beispiel fällt die Aufmerksamkeit auf die beiden punktierten Achtel im Takt, sodass eine kleine Verschiebung entsteht. In die Lücke des zweiten und vierten Viertels im Takt können Sie nun einen Off-Beat klatschen. Es verhält sich also ganz anders, wenn wir die erste Silbe auftaktisch wählen:

Ku - **ku**-ka   **ku**-ka ku - **ku**-ka   **ku**-ka ku

Wenn Sie den Puls in Achtel statt Viertel teilen, können Sie viele Kombinationsmöglichkeiten zwischen Achteln und Sechzehnteln ausprobieren, wie beispielsweise:

Ku-ka-ku-ka ku-ku **ku**-ka-ku-ka ku-ku

Das Wesentliche an diesen Übungen ist das „Spiel" mit den Rhythmen und das eigene Ausprobieren. Es gibt viele Kombinationsmöglichkeiten. Diese Idee ist lediglich ein Impuls für Ihre eigenen Variationen.

Und nun verbinden Sie beispielsweise den 1. mit dem 2. Rhythmus. Hierbei treffen nur die jeweils ersten Schläge im Takt zusammen:

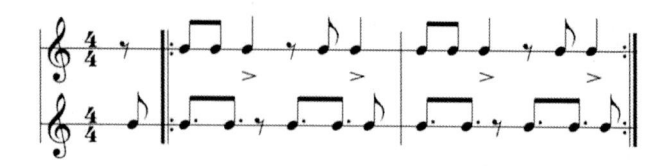

oder den 2. mit dem 3. Rhythmus:

oder Sie kombinieren alle drei gleichzeitig:

Einstiegsübung: Die Füße übernehmen die Halben und die Hände den Rhythmus der unteren Zeile:

Erinnern Sie sich, dass sich der Taktschwerpunkt in fast allen afrikanischen Liedern verschiebt und von uns erst wieder neu empfunden werden muss!

Übung: Wir teilen die Gesamtgruppe in drei kleine Gruppen und gehen wieder in Halben im Wechsel der Füße von rechts nach links. Die Hände klatschen Viertel in den *Off-Beat,* also auf die zweite und vierte Zählzeit im Takt.

Die erste Gruppe übernimmt nun den Rhythmus der ersten Zeile auf der folgenden Seite und so fort. Dabei können Sie die vorgegebenen Textsilben auch variieren. Beginnen Sie einfach mit den Rhythmussilben zu spielen. Die fett gedruckten Silben zeigen den jeweiligen Taktschwerpunkt an:

1. KUM-BO-**LA** BO-**LA**
2. **KU**-KU-KA-KU KU-KA-KU-KU **KA** A KU-KU-KU-KU **KA**
   A KU-KU-KU-KU **KA**
3. KE-**DIU**-LA KE-**DIU**-LA

Diese Polyrhythmik ist allen afrikanischen Musikern sehr präsent. Sie scheinen diese komplexe, mehrschichtige Rhythmik unbewusst in sich zu tragen, ein Phänomen, von dem wir nur träumen können.

Im Beobachten der senegalesischen Musiker bestätigt sich diese Aussage, dass sie sowohl die getrommelten Rhythmen als auch „die Töne hinter den Tönen" wahrnehmen können, so als seien sie mit mehreren Rhythmusebenen gleichzeitig verbunden.

Diese rhythmischen Übungen führen Sie zu einer besonderen und intensiven Auseinandersetzung mit der westafrikanischen Musik. Sie agieren gleichzeitig mit der Stimme und den Füßen.

Ich selbst erlebte mich immer wieder wie ein kleines Kind, wenn ich meine afrikanischen Freunde trommeln hörte. Ich blieb nicht still am Platz sitzen, stand auf und tanzte frei und ungezwungen aus mir heraus. Das Wunderbare daran: Man ließ mir diesen Raum – jederzeit!

Die Sprachsilben bilden eine Brücke zum schnellen Erlernen der Rhythmen. Das Metrum, ein durchgängig klarer Puls in den Füßen, stabilisiert zudem ein sicheres Gefühl für die Gegenrhythmen und „Off-Impulse" im Takt. In den schlichten Begleitrhythmen, die ich den Liedern hinzugefügt habe, entdecken Sie Ideen zum Weiterspinnen der in diesem Kapitel angeregten Übungen. Viele Rhythmen sind auch miteinander verknüpfbar.

Spielen Sie mit den wesentlichen Elementen der afrikanischen Rhythmen: den Pausen und dem Off-Beat. Sie werden feststellen, dass Sie immer erfinderischer werden und Ihnen die anfangs kompliziert erschienenen Rhythmusmotive mit der Zeit wie von selbst gelingen.

DER EWIGE RHYTHMUS DES MEERES

Das Meer fasziniert mich und zieht mich immer wieder neu in seinen Bann. Ich verbringe Stunden damit, diesem Schauspiel bewusst zu lauschen: diesem unentwegten „Ein- und Ausatmen" der Wellen, die manchmal sanft liebkosend klingen und sich an anderen Tagen wild und zerstörerisch, meterhoch und laut tosend überschlagen.
Oft schließe ich die Augen und stehe einfach nur da, atme im gleichen Rhythmus der Wellen ein und aus, fülle den Raum der Stille (wenn die Wellen sanft zum Strand auslaufen) mit schlichten Bewegungsgesten und atme entspannt weiter. Ich bin ganz versunken in einen meditativen Zustand und werde vollkommen getragen vom natürlichen Rhythmus der Wellen.
In diesem Moment klammere ich die unsichtbare Gefahr, die tief im Ozean lauert, ganz aus. Immer wieder erzählen mir die Anwohner, dass Badende von den Wellen verschlungen wurden, dass sie sich zu weit hinausgewagt haben, in die Strömung gerieten und Tage später irgendwo an Land gespült wurden. Diesen Sommer sind schon acht junge Menschen ertrunken. Ich nehme dies sehr ernst und wage mich seitdem nicht mehr so weit in die Wellen hinaus.

Morgens früh, gegen 5:00 Uhr, ziehen die Fischer schon mit ihren Booten, den bunten Pirogen, hinaus aufs Wasser – es ist ein Bild, das sich in kleinen Variationen täglich neu gestaltet, in ähnlichen Farbtönen, mit gleichen Pigmenten.
Eines Tages, bei einem meiner gewohnten Spaziergänge, beobachte ich von Weitem eine Menschenmenge am Strand und als ich näher komme, erkenne ich viele Fischer und Dorfbewohner, die alle an einem großen Tau eines Netzes ziehen. An jeder Seite scheinen es dreißig bis vierzig Menschen zu sein. Dort angekommen, krempele ich die Hosenbeine hoch und begebe mich

mitten in die Menge hinein. Mit offenen und einladenden Blicken gibt man mir ein Stück des Taues frei. Wir ziehen und ziehen, und ich stelle fest, dass das, was von Weitem mühsam und sehr kräftezehrend aussah, sich als leicht durchführbar erweist. Und als nach langem Ziehen und Nachziehen endlich der Moment kommt, in dem die Fische sichtbar werden, beginnt ein angenehmes Raunen durch die Menge zu gehen. Viele Hunderte kleiner Fische zappeln im Netz, auch große Exemplare sind darunter. Alle lassen das Netz los. Erst jetzt bemerke ich, dass ich völlig durchnässt bin und der Sand mich in meinen Kniekehlen zwickt. Einer der Fischer kommt auf mich zu und lädt mich ein, mir einen Fisch nach meiner Wahl auszusuchen. Ich bedanke mich sehr und gebe ihm zu verstehen, dass ich tagtäglich bestens mit Fisch versorgt bin. Ein herzlicher Blick von allen Seiten. Kinder kommen angelaufen und reichen mir ihre Hand. Ich schenke ihnen Muscheln, die ich in der Hosentasche gesammelt habe.

Hier gibt das Meer Tausenden von Menschen Nahrung, Tag für Tag.
Der Atlantik ist gleichzeitig auch ein letzter Halt, ein Notruf im Leben vieler junger Senegalesen. Wie eine Marionette hängt ihr Leben an einem seidenen Faden und birgt doch einen Funken Hoffnung: Mit der Piroge über den Atlantik nach Spanien, auf die Kanaren, in die vermeintliche Freiheit zu flüchten. *Aller où? Wohin?* In vielen Diskussionen mache ich den jungen Menschen klar, dass Europa keinem Ende ihrer Probleme gleichkommt, dass das Geld nicht vom Himmel fällt und Afrikaner ohne Papiere drüben keine Chance haben. Manche bekommen befristete Verträge, ein Arbeitsvisum für ein paar Monate, ein halbes Jahr, sie kehren hierher zurück. Auch die Suche nach einer europäischen Frau fürs Leben scheint sich in viele Köpfe der jungen Männer eingebrannt zu haben.

Freunde erzählen mir, dass sehr junge Senegalesen ohne Abschiedsbrief von heute auf morgen verschwinden – in der großen Hoffnung, sich aus einer neuen Heimat wieder zurückzumelden.

Ich blicke aufs Meer hinaus und stelle mir Hunderte flüchtender junger Menschen vor. Tage und Wochen unterwegs ins Nirgendwo, Hoffnung und Verzweiflung, ein letzter Aufbruch: *Aller-où? WOHIN?*

BEGEGNUNG AM STRAND

Wieder einmal spaziere ich am Wasser entlang, die Füße immer in Berührung mit den auslaufenden Wellen, die zart und anschmiegsam den Sand abtasten. Schließlich gelange ich an eine kleine Felsengruppe, balanciere über die Steine hinweg und wate flink durchs Wasser, damit die nächste Welle mich nicht erwischt. Hierbei habe ich mich schon oft verschätzt und bin pitschnass geworden, doch diesmal klappt's, ich habe Glück! Ein kleiner Strand wartet auf mich, eine kleine Bucht, wie für mich geschaffen. Ich bin ganz für mich und gehe baden, bleibe jedoch in der Brandung, da die Wellen zu mächtig sind, um hinausschwimmen zu können.
Vom Wasser aus bemerke ich einen kleinen Jungen, der in der Nähe auf einem Felsen sitzt und mich beobachtet. Ich kehre zu meinem Handtuch zurück und beobachte das Wasser, lausche in die schäumende Gischt mit ihrem kraftvollen Klang. Ich schließe die Augen und versuche meinen Atemrhythmus dem Rhythmus des Meeres anzupassen und gebe der Ausatmung viel mehr Raum als der Einatmung. Dann kommt er mir wieder in den Sinn, der Junge. Erst zaghafte Blicke wechselnd, nickt er mir dennoch zu. Ich grüße ihn zurufend und frage ihn nach seinem Namen – Ousmane. Er lächelt und setzt sich näher zu mir auf einen anderen Stein. Ich nehme eine kleine Plastikflöte aus meinem Rucksack, die ich aus der Casamance mitgebracht habe. Neben dem kleinen Mundloch besitzt sie nur drei Grifflöcher, die für meine schmalen Finger zu groß zu sein scheinen. Dann beginne ich ein paar klägliche Töne zu spielen, wechsle die Position meiner Finger, versuche es mehrmals, doch es gelingt mir nicht! Schließlich beginne ich zu singen – Melodien, die ich in der Casamance gelernt habe: *Agnasso, Apalomé* und *Salya*. Ousmane setzt sich neben mich, lächelt mich an und wir beginnen die Lieder rhyth-

misch ganz frei mit unserem Körper zu begleiten. Er ist offen, musikalisch sehr aufgeschlossen und übernimmt gleich den Rhythmus der Lieder. Ich singe und singe, er applaudiert mir. Dann frage ich ihn, ob er auch etwas singen möchte. „Man" – „ich"? Er ist erstaunt, dass ich das frage, und beginnt mit einem Lied, halb in Französisch, halb in Wolof. Ich applaudiere zurück!

Alle Kinder, egal welchen Alters, haben hier ein großes Repertoire an Liedern und Tänzen, sie *sind* die Musik selbst, sie drücken sie frei und unbeschwert aus, sie nehmen sie wie ihre tägliche Nahrung zu sich, ihr Leben lang...

Wenn ich im Kulturzentrum übernachte, höre ich die Vorschulkinder schon sehr früh singen, gleich nebenan. Es ist ein lautes Durcheinander von sehr hellen Kinderstimmen. Sie scheinen fast zu schreien, doch in diesem Schreien schwingt gleichzeitig Begeisterung und Freude mit. Ich besuche die Kinder öfter und singe mit ihnen. Sie wirken stolz und froh, wenn sie mir aus ihrem Repertoire etwas vortragen können. Alle sitzen an ihren Tischen, über ihrer normalen Kleidung tragen sie eine Art Kittel in Blau, sodass alle einheitlich gekleidet sind.

Vielleicht ist Ousmane auch hier zur Vorschule gegangen. Ich kenne ihn nicht, und doch empfinde ich keinerlei Fremdheit ihm gegenüber. Er nimmt mein Heft, in das ich viele Liedtexte geschrieben habe. Es dient mir immer wieder als Brücke, die unterschiedlichen Sprachen besser behalten zu können. Die Grammatik des Wolof ist relativ einfach, doch die Aussprache sehr eigen. Es gibt afrikanische Sprachen, die ich als wesentlich melodischer und eingängiger einstufen würde, wie beispielsweise die Sprachen im Kongo. Im Wolof finde ich kaum Synonyme zu anderen, mir bekannten Sprachen oder Wörtern. Es gibt somit keine innere Brücke, mit der ich mir die Vokabeln schneller merken kann. Ein kleiner Vorteil winkt mir dennoch dadurch entgegen, dass hier und da französische Vokabeln in die Sprache eingebunden werden.

Ousmane ist immer noch da, steht irgendwann auf und bedankt sich mit einem *merci* bei mir. Er werde nach Hause zurückgehen, man warte auf ihn mit dem Essen (ich kenne ein paar Wörter in Wolof und erschließe mir den Zusammenhang). Wir reichen uns die Hand und er klettert über die Felsen, hält noch einmal inne, dreht sich um, winkt und ruft mir etwas zu. Ich kann ihn leider nicht mehr verstehen, da die Brandung seine Stimme übertönt. Ich winke zurück und schaue ihm nach.

Ein gutes, warmes Gefühl von Dankbarkeit macht sich breit, ein neuer Mosaikstein Vertrauen, den ich in diesem zwischenmenschlich so reichen Land erlebt habe. Merci Ousmane, wer weiß, ob wir uns wiedersehen.

DIE FLIEGENDEN HÄNDLER

Ob in den Dörfern, den Kleinstädten oder beiderseits der Hauptstraße, die nach Dakar führt, überall sind sie in großen Massen anzutreffen, die „fliegenden Händler", die ständig ihren Standort wechseln. Sie verkaufen Obst, Gemüse, *beignets* (in Fett gebackene Küchlein), hart gekochte Eier, aber auch Telefonkarten, Sonnenbrillen, Schirmmützen und Stoffe. In den Städten und Vorstädten scharen sich Hunderte von ihnen auf engstem Raum. Man kann sich das nicht vorstellen, wenn man es nicht erlebt hat. Eine unglaubliche Dichte an Menschen, ein Gewimmel, ein Gerede, Gehupe von vorbeirauschenden Autos – STAU – alles geht *langsam* und doch ist es ein einziges Chaos und Durcheinander. Es ziehen unendlich viele Bilder an einem vorbei, Tausende, es ist unvorstellbar: Ein Pferdekarren zwischen den sich stauenden Autos, viel Gerangel, Gedränge, ein Geschubse von Menschen, die ihre Waren feilbieten, schreiende Marktfrauen, es scheint wie in einem Ameisenhaufen, ein ständiges Hin und Her, ein unaufhörliches Treiben ohne Rast und Ruh.

Das Meer ist nur einen Hauch entfernt, doch von der idyllischen Ruhe ist hier nichts mehr zu spüren. Sobald man anhält, egal ob im Bus oder Taxi sitzend, strömen viele Verkäufer herbei, um Getränke, frisches Obst oder Erdnüsse zu verkaufen. Eine große Anzahl von Menschen im Senegal überlebt durch den Verkauf dieser Waren Tag für Tag. Ein sehr hartes Leben: Von morgens bis abends auf der Straße in der Hitze stehend, meistens in den Abgasen der Autos. Die Säuglinge auf den Rücken gebunden, teilweise auf Plätzen, die eher einer Müllhalde ähneln.

Überwiegend sind es die Frauen, die an den Straßenrändern Obst verkaufen, und manche Männer betreiben hier und da eine kleine *boutique* (einen kleinen Laden) mit Lebensmitteln. Es gibt nur wenige Supermärkte in den umliegenden Orten von Toubab-

Dyalaw. Die Hauptmöglichkeit, etwas einzukaufen, bieten diese kleinen Läden, oder man muss gezielt zu den Märkten fahren, die sich meist an den Straßenknotenpunkten Richtung Dakar befinden. Unzählige Werkstätten in desolatem Zustand säumen die größeren Städte. Autowracks werden hier wieder auf Vordermann gebracht.

Die Sammeltaxis sind sehr preisgünstig, doch mitunter auch gefährlich. Türen und Fenster schließen nicht richtig. Zudem sind sie meist überfüllt. Die Polizei stört sich nicht daran, es ist der Lebensunterhalt Tausender Menschen und er wird respektiert.

Ich möchte trotzdem nicht mit einem komfortablen „Einzel-Taxi" unterwegs sein, das mich von der Bevölkerung distanziert und mich nicht in das alltägliche Leben eintauchen lässt.

Dann stelle ich mir diesen Alltag vor: Die Menschen kehren am Abend völlig entkräftet nach Hause zu ihren Familien zurück. Zum Glück ist das Essen zubereitet von denen, die zu Hause geblieben sind. Ein Leben, das oft überfordert und Erschöpfung und Müdigkeit mit sich bringt. Zwar bietet die Großfamilie einen gewissen Schutz, doch in meinen Augen sind es die Frauen, die zu viel leisten müssen.

Ich bin sprachlos über diesen Zustand, und doch scheinen die Senegalesinnen ihr Schicksal gefasst und gelassen zu tragen. Es ist nun einmal so – und wenn es auch nur ein bisschen Lohn einbringt, die Familie ist versorgt, jeden Tag, *merci à Dieu!*

JAZZFESTIVAL IN ST. LOUIS

In St. Louis, der ehemaligen Metropole des Senegal, nahe der Grenze zu Mauretanien, findet seit mittlerweile 17 Jahren ein internationales Jazz-Festival statt, bei dem sich Musiker aus der ganzen Welt treffen. Eine Fusion der Stile, Sounds und Arrangements, bei denen die traditionellen Instrumente wie die Flûte peuhl, Kora, Riti und Xalam gleichberechtigt neben Saxophon, Klarinette, Schlagzeug und elektronischen Instrumenten stehen. Das 15. Festival erlebte ich mit.

Steht man auf der Bogenbrücke, die die vorgelagerte Altstadt mit den Wohnvierteln auf dem Festland verbindet, glaubt man fast, man sei am Mittelmeer. Hunderte Menschen laufen täglich über diese Brücke, die den Senegalfluss überquert, der in der Nähe in den Atlantik mündet. Am Ende steigen viele Fahrgäste aus den bunten Minibussen. Pastellfarbene Kolonialhäuser aus dem 18. und 19. Jahrhundert säumen das Bild, ähnlich wie auf der kapverdischen Île de Gorée, die Dakar vorgelagert ist. Man fühlt sich nicht in Afrika, zumindest nicht auf den ersten Blick.

Diese Stadt taucht für eine Woche im Jahr in eine totale Jam-Session ein. Die Hotels, Bars und Restaurants sind ausgebucht. Die Nacht wird bis in die frühen Morgenstunden zum Tag. Riesige Zelte und Bühnen stehen den großen Stars zur Verfügung, doch auch in den kleinen Bars findet zusätzlich Live-Musik statt – ohne Eintritt und für jedermann zugänglich. Ich streife mit Freunden durch die Stadt und besuche manches Konzert, lasse mich regelrecht von der Stimmung treiben! Die Vorstellung, mit verschiedenen afrikanischen Musikern langfristig und intensiv zusammenzuarbeiten, kommt mir in den Sinn, doch so viele interessante Musiker ich auch kennenlerne, ich bleibe immer noch auf der Suche nach einer für mich stimmigen Besetzung.

Während der Festivaltage bin ich mit senegalesischen Freunden in der Stadt unterwegs. Wir schlendern ein wenig durch St. Louis und schauen, wo welches Konzert am Abend stattfinden wird. Und da begegnet uns – wie meine Freunde mir zuflüstern – ein recht bekannter afrikanischer Sänger, ich habe seinen Namen leider vergessen. Mit dem Arm an seinen Begleiter gestützt, kommt er genau auf uns zu. Er ist blind und trägt eine Sonnenbrille. Wir begrüßen ihn nacheinander und er entgegnet mir, dass ich eine musikalische Stimme hätte. Unmittelbar beginnt er einen Jazz-Standard zu singen – mitten auf der Straße! Ich kenne den Song von Ella Fitzgerald und schwinge gleich mit ein. Wir singen ihn gemeinsam – leicht swingend – bis zum Ende. In den wenigen Sekunden vergesse ich die Zeit...
Diese Direktheit und Leichtigkeit des miteinander Singens auf der Straße, spontan mit einem Menschen, dem ich zum ersten Mal begegne, vergesse ich nie mehr! Er strahlt, nimmt mich in den Arm und lädt uns ein, am Abend in eine bestimmte Bar zu kommen und mit ihm zu singen. *That's Africa!*

Ich erinnere mich auch an einen wunderbaren Abend in Dakar im *Just 4 U,* einer für Insider recht bekannten Bar. Dort feierte ich mit ein paar Freunden meinen Geburtstag. Wir erlebten das seit den 60er-Jahren bekannte *Orchestre Baobab* live! Dieser Swing, die mitreißende Art der Musiker ließ keinen Zuhörer auf dem Stuhl sitzen.
Alle tanzten bis in die Nacht, und der Saxophonist betörte mit seinem Charme und der unglaublichen Leichtigkeit, mit der er sein Instrument beherrschte, alle anwesenden Frauen! Ich kaufte mir zur Erinnerung eine CD der Gruppe, doch so ein Live-Musik-Abend ist einfach nicht damit zu vergleichen.

Während meiner Zeit im Senegal begegne ich immer wieder besonderen Menschen: Menschen, die Europa ganz den Rücken gekehrt haben, Musiker, Urlauber, Künstler aller Art. Ich lerne einige afrikanisch-europäische Paare kennen, die ein langes Wochenende in Toubab-Dyalaw verbringen. Die Tänzerinnen erzählen mir, dass manche senegalesischen Choreografen, mit denen sie schon Projekte realisierten, mittlerweile mit Europäerinnen verheiratet seien. Diese kehren ein bis zweimal pro Jahr in den Senegal zurück, um einer größeren Gruppe von interessierten Europäern traditionelle Tänze mit *Live-Percussion* aus Westafrika näherzubringen. Untergebracht werden alle im Kulturzentrum!

Einige Choreografen lerne ich kennen: Pape, Ibou Sarr und Balla aus Marseille. Sie laden mich spontan ein, ein paar Stunden am Tag mitzutanzen. Morgens nach dem Frühstück treffen sich dann auch alle am Strand. Die Musiker sind schon da mit ihren Instrumenten, und nach einem kurzen Aufwärmen geht's los. Ich tanze in der letzten Reihe, merke, wie sehr ich aus der Übung bin, gebe mein Bestes und habe viel Spaß!

ANDOCHE AUS DEM KONGO

Ich lernte auch afrikanische Tänzer und Musiker kennen, die aus anderen afrikanischen Ländern in den Senegal gekommen sind, auf der Suche nach einem neuen künstlerischen Weg. Tintin (sein richtiger Name ist Andoche) ist einer von ihnen. Er kam vor ein paar Jahren mit seinem Freund Ikara aus dem Kongo. Die beiden sind seit ihrer Kindheit unzertrennliche Künstlerfreunde und sehr professionell in dem, was sie an traditionellen Tänzen und Rhythmen darbieten. Ich erlebte sie viele Male mit ihren Bougarabous, den riesigen Trommeln, die großen Congas ähneln, auf denen sie manchmal wie in Trance spielten, mehrere Stunden an einem Abend ohne Unterlass. Ich lauschte ihren Proben am Strand, arbeitete auch ein wenig mit meinem E-Piano mit ihnen zusammen. Ihre Gesichter sprechen Bände, wenn sie trommeln. Sie sind die reinsten Schauspieler. Wenn sie in ihrer traditionellen Kleidung auftreten, mit Strohschmuck und Perlen im Haar, mit Strohröcken über ihren Hosen, mit bunten Stulpen an den Armen, dann erkenne ich sie kaum wieder. Sobald sie jedoch zu tanzen beginnen, ist ihr Stil unverkennbar für mich, ganz anders als der traditionelle senegalesische Tanz. Die Tanzkultur im Kongo zeigt typisch afrikanische Gesten, aber sehr außergewöhnlich ist ihre feine, fast grazile und geschmeidige Bewegung im Becken- und Hüftbereich (bei den Männern!). Der Körper tänzelt mitunter schlangenähnlich. Tintin lässt regelrechte Wellen über seinen Körper laufen. Er beherrscht einzelne Muskelpartien in einer beeindruckenden Leichtigkeit, und die Liebe zu dem, was er kreiert, zeigt sich in seinem Ausdruck.

2010 begegnen wir uns wieder, und ich frage ihn, ob er zur klassischen Musik tanzen möchte, so wie Abdou Sarr. *Avec plaisir,* meint er, und wir legen los. Ich habe das cis-Moll-Impromptu von

Frédéric Chopin ausgewählt, zu Ehren des 200. Geburtstages des polnischen Komponisten.

Ich liebe die Brillanz chopinscher Klaviermusik, manchmal scheinen die Funken zu sprühen, wenn ich sie spiele und höre. Ich erlebe die unendlichen Wellen und Linien gleißend hell und federleicht und freue mich, dass ich das Stück präsent habe. Im Mittelteil wechselt die Stimmung von cis-Moll nach Des-Dur und der brillante A-Teil mündet in ein ruhiges Thema, macht sich breit wie eine sanfte Hochebene, die sich dem Blick eines Wanderers eröffnet, nachdem er vorher an rauschenden Bächen mit tosender Gischt vorbeikam. Alles kommt zur Ruhe, wird still und erholt sich friedvoll vor dem inneren Auge.

In diesem Des-Dur-Teil kommt Tintin auf die Bühne und tanzt. Er füllt seine Bewegungen geschmeidig und gekonnt aus, mit freiem Oberkörper, sodass die Zuschauer sein Muskelspiel beobachten können, anmutig und schön. Wie ein kurzer Augenblick taucht er auf der Bühne des Theaters auf und verschwindet wieder in einer schwebenden Leichtigkeit.

Wir haben viel Spaß bei den Vorbereitungen. Er hat die Ausdauer und Willenskraft von Abdou, der zu Claude Debussy tanzte.

Tintin begleitet mich lässig auf einer Kalebasse oder Djembé bei zwei bekannten Jazz-Standards, die ich singe. Das Klavier schmilzt mit seinen Rhythmen zusammen. Er spielt gefühlvoll und dynamisch, zaubert viele Klangfarben und Nuancen aus der Kalebasse. Um seine Handgelenke hat er kleine Kolben gebunden, die mit jedem Schlag auf die Kalebasse ihren eigenen Sound dazutun...

Merci milles fois – tausend Dank – Tintin, ich freue mich schon auf das nächste Projekt, solltest Du dann noch im Senegal sein.

Eine besondere Frau aus dem Kongo, Roselyne, lernte ich auf meiner ersten Reise kennen. Rose kam mit Winship, einer Choreografin aus Frankreich und nahm an meinem Projekt teil. Sie sang das Solo von *Sometimes I feel like a motherless child* sehr warm und kraftvoll, ausdrucksstark und schön, und während unserer gemeinsamen stimmbildnerischen Arbeit brachte sie mir ein Wiegenlied bei. Diese *Isabella-Berceuse* ist so schön, dass ich sie Ihnen nicht vorenthalten kann. Ich habe lange gebraucht, um die Verschiebungen (Überbindungen) zu fühlen, die das Lied in schwerelosem Zustand zu halten scheinen. Rose verzweifelte fast ein wenig an mir, doch sie hatte unglaublich viel Geduld und versuchte mir das Lied in unterschiedlicher Form nahezubringen, bis ich es schließlich verstanden hatte und wir es sogar mit den Tänzerinnen des Kulturzentrums einstudierten. Die Bantusprache Kiswahili wird Ihnen leichtfallen. Sie klingt klar und nicht so fremd wie das Wolof, einfach musikalischer. Schauen Sie selbst:

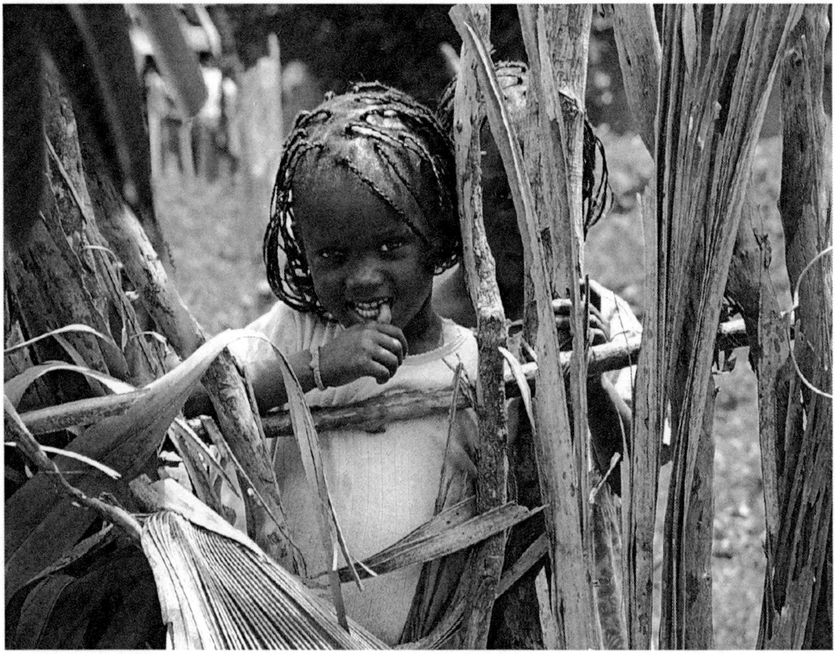

Isabella

I - sa, I - sa - bel - la, I - sa - bel - la, I - sa - bel - la

I - sa, I - sa - bel - la, I - sa - bel - la, I - sa - bel - la

I - sa a - sui - sé - mi, as - sé - pé - li a - sui ma - na

I - sa a - sui - sé - mi, as - sé - pé - li a - sui

ma - na E ko - ma - na ko - bo - ta, Ma - ma yak - ka

nga - na whé - yo E ko - ma - na ko - bo - ta, Ma - ma yak - ka

nga - na whé - yo Ma - ma la - le - ya - lo Wo - lo - tzé - lé -

ka Ma - ma la - lé - ya - lo wo - lo - tzé - lé - ka.

EINE TAXIFAHRT IM STRÖMENDEN REGEN

Eine sehr günstige, meist jedoch unbequeme Möglichkeit, sich fortzubewegen, ist die Fahrt mit einem sogenannten Buschtaxi. Ich bin mit einem Musiker unterwegs nach Rufisque, einer größeren Stadt vor Dakar. Wir wollen ins Internetcafé. Ins Auto passen sieben bis acht Personen und die Fahrt beginnt erst dann, wenn alle Plätze besetzt sind, was mitunter mit sehr langem *Warten* verbunden ist.

Die Fahrten sind ganz unterschiedlicher Art. Manchmal werde ich recht freundlich von einem Chauffeur empfangen. Dann reagiere ich spontan mit meinen bescheidenen Sätzen in Wolof. Manchmal wechseln die Insassen auch nur wenige Worte, sind müde und wollen einfach nur ihre Ruhe haben. Mitunter herrscht eine drückende Hitze, und das Warten kommt mir wie eine Ewigkeit vor, auch wenn es nur eine Viertelstunde ist.

Wir sind diesmal kaum fünf Minuten unterwegs, als ein Wolkenbruch über uns hereinbricht. Der Regen ist so stark, dass die Scheibenwischer nicht mitkommen. Ich sitze an der Tür, und das Fenster, obwohl es geschlossen ist, hält nicht dicht, das Wasser läuft an meiner linken Körperseite entlang und ich dränge mich zu meinem Nachbarn, um nicht noch nasser zu werden. Der Taxifahrer hält schließlich an, steigt aus und klemmt ein Tuch in die Tür auf meiner Seite. Es dauert zwei Minuten und der Regen beginnt von Neuem hereinzuprasseln, alle lachen. Eine Frau im Wagen lacht so herrlich, dass ich mich von ihr anstecken lasse. Ich weiß nicht, ob sie über die Situation lacht oder über die Gespräche im Wagen. Hinter mir sitzt ein Mann, der mich nach meinem Namen fragt. Er artikuliert ihn in den buntesten Farben, ein wahrer Komiker. Wir fahren in langsamstem Tempo bei strömendem Regen mit einer Gruppe von gut gestimmten Menschen und teilen ein kleines Stück Leben...

Auf der Strecke lässt der Regen allmählich nach, wir atmen auf, die Sicht wird frei, wir lachen immer noch. Meine linke Seite ist völlig durchnässt – der Taxifahrer auch! Wir steigen aus und das Lachen der Frau im Wagen wirkt noch lange in mir nach.

In der Casamance erlebte ich diese wolkenbruchartigen Regenfälle auch. Sie hielten mitunter Tage an. Die ganze Nacht regnete es unentwegt und tagsüber schien der Blick nach draußen verschleiert, so als hingen Hunderte von Marionetten an transparenten Fäden und bewegten sich unruhig hin und her. Alles fühlte sich klamm an und meinen Koffer musste ich mehrmals völlig leerräumen, denn die Feuchtigkeit kroch in alles hinein, heimlich und unbemerkt. Auch meine Kamera litt in der Zeit. Die feine Elektronik reagierte plötzlich nicht mehr exakt und zeigte permanent Störungen an. Hitze und Staub scheint den Geräten weniger auszumachen als dieser unentwegte Regen.

Eines Tages sitze ich mit den Kindern im Haus. Wir singen und reichen eine Zitrone von Hand zu Hand im Takt (Idee aus der rhythmisch-musikalischen Erziehung, durch die der Puls des Liedes sichtbar wird), während es draußen wie aus Eimern gießt. Da erinnere ich mich an mein E-Piano. Es steht in einer Art Garage unter einem Wellblechdach, und mir schießt der Gedanke in den Kopf, dass es dort hineinregnen kann. Es bilden sich immer wieder große Pfützen in den Ecken, die wir täglich hinausfegen. Ich habe das Klavier mit einer Decke abgedeckt, doch nun eile ich so schnell ich kann im strömenden Regen hinaus, öffne die Tür, die mit einem Holzbalken gesichert ist, und sehe, dass die Decke völlig durchnässt ist. Seit gestern Abend hat es ununterbrochen geregnet...

Ich erstarre fast und rufe die Kinder herbei, sie mögen Hilfe holen und noch eine Decke bringen. Ich sitze wie versteinert vor dem Instrument und Tränen kullern über mein Gesicht. Wie konnte ich nur so dumm sein! Warum habe ich das Instrument überhaupt mit hierher genommen, mitten in den Busch, in den Urwald, in die Pampa ohne Stromanschluss...

Wieso hat mir niemand gesagt, dass die Regenfälle so sintflutartig sind und nicht mehr aufhören. Warum habe ich nicht auf meine innere Stimme gehört, bevor ich losfuhr? Ich wollte das Piano in Toubab-Dyalaw lassen. Jetzt habe ich die Bescherung.

Schließlich kommen mir die Kinder zu Hilfe und wir drehen das Instrument um. Es fließt tatsächlich Wasser aus der Tastatur! Nun kann ich meine Tränen einfach nicht mehr zurückhalten, beginne zu fluchen, verfluche den Regen, mich selbst. Die Kinder haben Decken gebracht und schauen mich mitfühlend an. Ich lächle sie an und sage ihnen, dass das Klavier mir sehr viel bedeute und ich eigentlich auf es aufpassen wollte. Dann bringen wir es trotz anhaltendem strömendem Regen zurück ins Haus, legen es mit der Tastatur nach unten aufs Bett. Das Netzteil hat wohl auch viel Nässe abbekommen. Ich wische es trocken und bitte alle rauszugehen. Langes Schweigen.

Kany, einer der Musiker, die ich kennenlernte, kommt nach einer Zeit vorbei und klopft vorsichtig an meine Tür. Er trommelt in einem Ensemble, das regelmäßig auf traditionellen Festen musiziert – ein Saxophonist ist auch dabei!

Einmal nahmen sie mich mit zu einer traditionellen Hochzeit, die sie musikalisch umrahmten. Sie spielten über viele Stunden, zum Teil im andauernden Regen, was die Stimmung jedoch nicht trübte. Auf dem Fest beeindruckten mich die intensiven Farben der traditionellen Kleider der Menschen. Viele Frauen, auch ältere, ließen sich immer wieder von der Musik zum Tanzen anstecken. Die Musiker feuerten sie zusätzlich mit ihren Trillerpfeifen an. Sogleich wirbelten die bunten Gewänder der Tänzerinnen wie wild in der Luft und ihre Gesichter drückten pure Lebensfreude und Begeisterung aus.

Irgendwann gab ich Kany den Zweitnamen *Monsieur double peau* (Mann mit zweiter Haut), da sich in seinen Handinnenflächen vom Trommeln eine dicke zweite Hornhaut gebildet hat. Ich muss wieder ein bisschen schmunzeln, als ich ihm die Hand reiche und bin froh, dass er vorbeigekommen ist.

Hätte ich doch nur einen Föhn, um damit alles trocknen zu können. Aber alles ist feucht, klamm und der Regen nimmt und nimmt einfach kein Ende. Ich wechsle die Decken noch einmal aus, nehme alle Handtücher aus meinem Koffer und gehe irgendwann wie von Sinnen hinaus in den Regen, allein, kilometerweit hinaus in die Felder, immer dem Weg entlang ohne Ziel, endlos weit, ohne zurückzuschauen. Ich weiß, dass ich keine Ersatzteile in Dakar bekommen werde und ich fühle mich unendlich traurig. Meine Füße bohren sich in den Schlamm, der an den Schuhen hängen bleibt und sie immer schwerer werden lässt. Ich ziehe die Flip-Flops aus und halte sie in den strömenden Regen, um sie wieder vom Schmutz zu befreien, gehe barfuß weiter. Ich begegne niemandem über Stunden und kehre irgendwann benommen wieder ins Haus zurück, erinnere mich nicht mehr an Details. Dann setzte ich mich zum Großvater vors Haus, eine Art Vorbau, der zur Straße hin offen ist und wie eine Laube aus Stein wirkt. Ich erzähle ihm, was passiert ist und entschuldige mich für meine Tränen. Er blickt mich an, und ich weiß nicht, ob er meine Augen wirklich erkennt, denn seine Augen wirken fast blind, sind ganz silbrigmatt, aber unendlich herzlich.

Er reicht mir getrocknete Früchte und sagt mir, dass er mich sehr gut verstehen könne. Er würde beten, dass sich alles zum Guten wenden möge. Dann reiche ich ihm die Hand und bedanke mich für die Früchte und sein Verständnis. Das Klavier bleibt die ganze Nacht auf dem Bett liegen. Ich suche mir einen anderen Schlafplatz, und am nächsten Morgen strahlt die Sonne am Himmel, so als habe der Großvater sie für mich bestellt. Ich wechsle wieder die nassen Decken aus und lege mein Klavier mit einem Laken umwickelt direkt in die Sonne. Was für eine Aufregung!

In dem Haus, in dem ich lebe, gibt es weder Strom noch fließendes Wasser. Wir verlegten anfangs viele Meter Kabel, um den Strom aus dem Nachbarhaus beziehen zu können. Stromausfälle gab es tagtäglich, sodass ich meinen Rechner für viele Stunden nicht benutzen konnte oder das Klavier mitten in den Proben einfach aufhörte zu klingen...

Am Abend kommt der spannende Moment, in dem ich das Klavier wieder ans Netzteil anschließe. Die Kinder stehen um mich herum. Ich schließe einen Moment die Augen, und dann stecke ich den Stecker in die Steckdose. Es funktioniert! Alles funktioniert so wie immer, ohne Mucken und Zucken, ohne die geringste Veränderung. Ich nehme Sally und Idrissa in die Arme und freue mich, kann nichts sagen, spiele den Kindern ein Lied, kann erst nicht singen und dann singe ich, stehe auf und geh' zum Großvater. Er hat die Klänge gehört und nickt mir mit seinem Blick entgegen. Ich nehme seine Hand und sage ihm, dass unser Beten gewirkt habe. Alles sei in Ordnung.

Mir kommt der Gedanke, mich an die Firma Casio XP zu wenden und einen Brief zu schreiben, dass ihre Marke „tropengeeignet" sei und den härtesten Test bestanden habe! Die Musiker schauen vorbei und spielen für mich das folgende, recht bekannte traditionelle Lied über den sagenumwobenen König Salya. Auch dieses Lied ist mit Touré Kunda bei uns populär geworden. König Salya entdecke ich jedoch in keiner Historie...

Centre Culturel Espace Sobobadé

Das Theater L'Engouement

Mit Freunden auf der Bühne

Tintin und Abdou, meine Tänzerfreunde

Die Musiker des Kulturzentrums Espace Sobobadé

In Toubab-Dyalaw

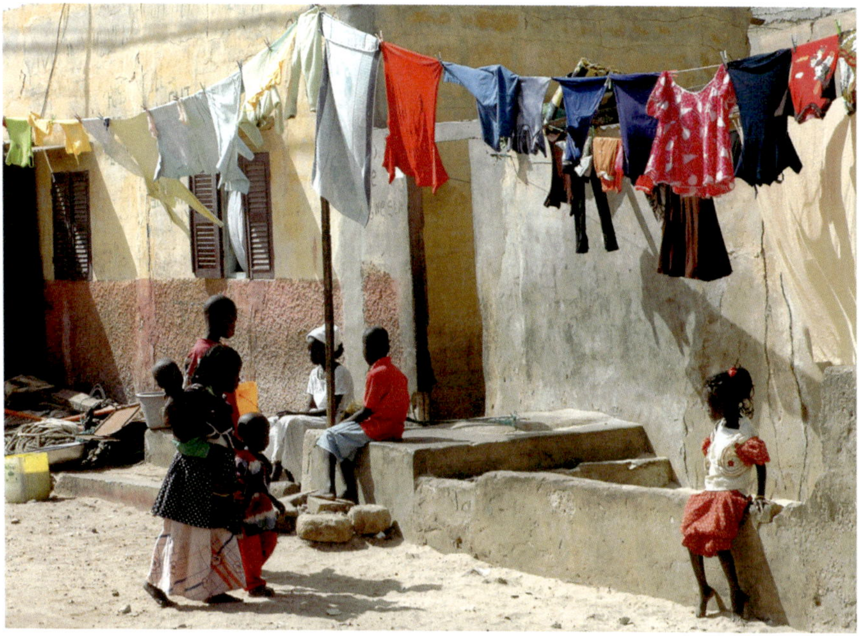

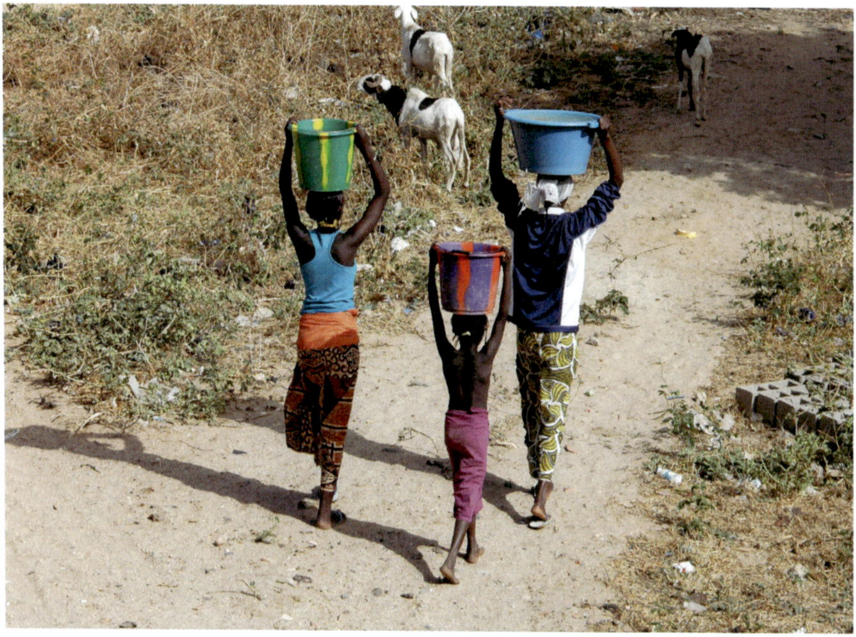

Djibril und Dialli mit ihren traditionellen Instrumenten

Babacar an der Sabar

Eindrücke von St. Louis

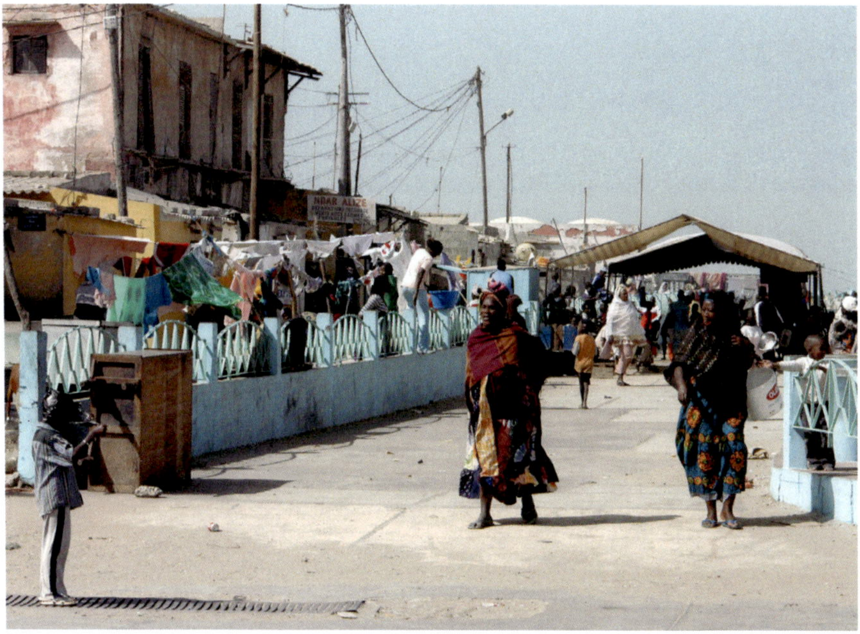

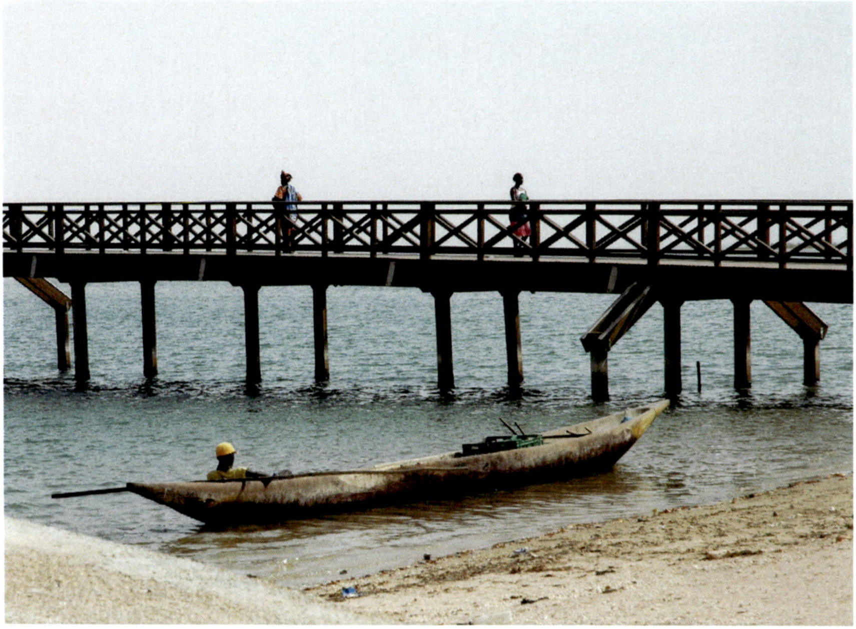

Abschlusskonzert 2005 mit Gesang und traditioneller Musik

Die Tänzerinnen Fatou und Astou

In der Casamance

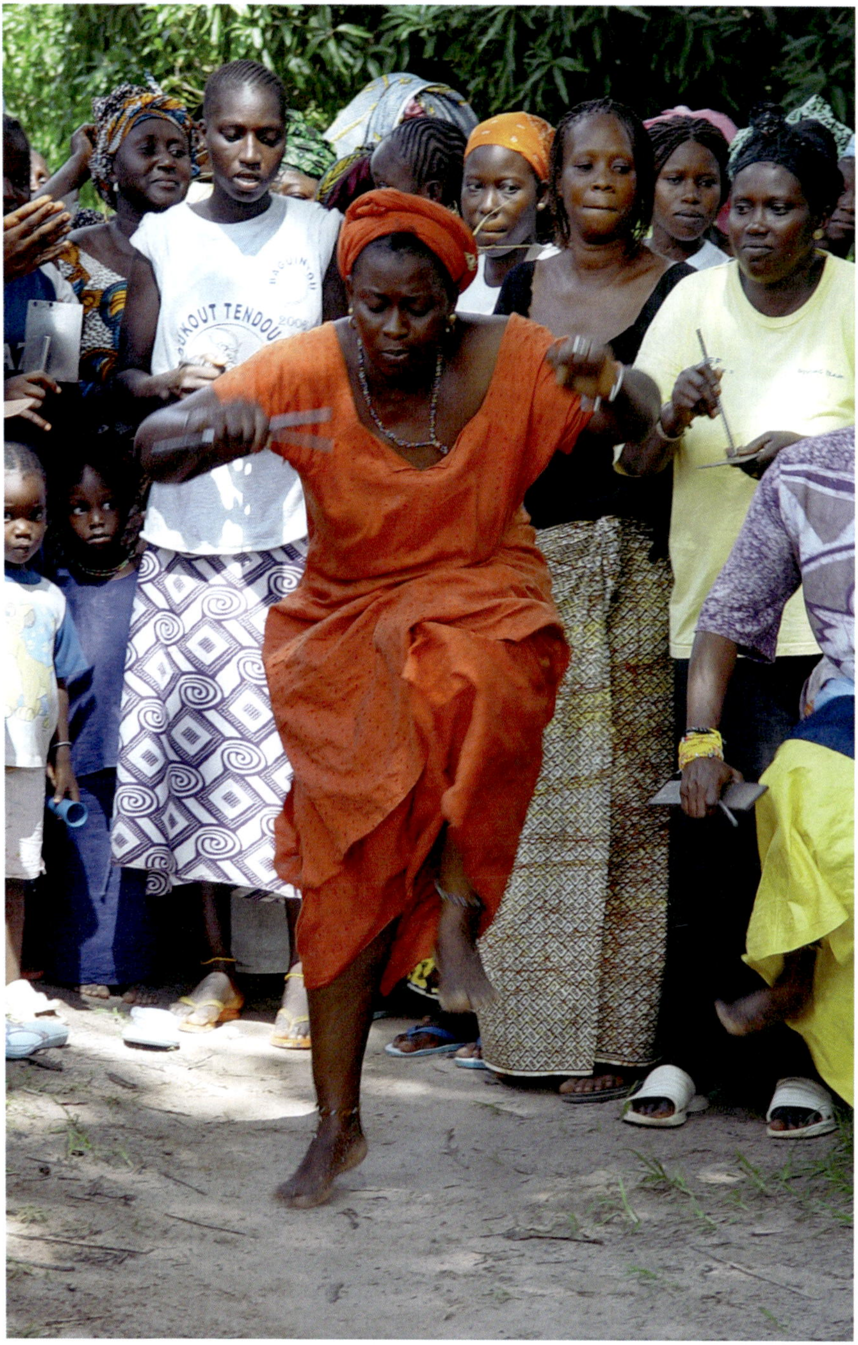

Stimmungen der Savanne

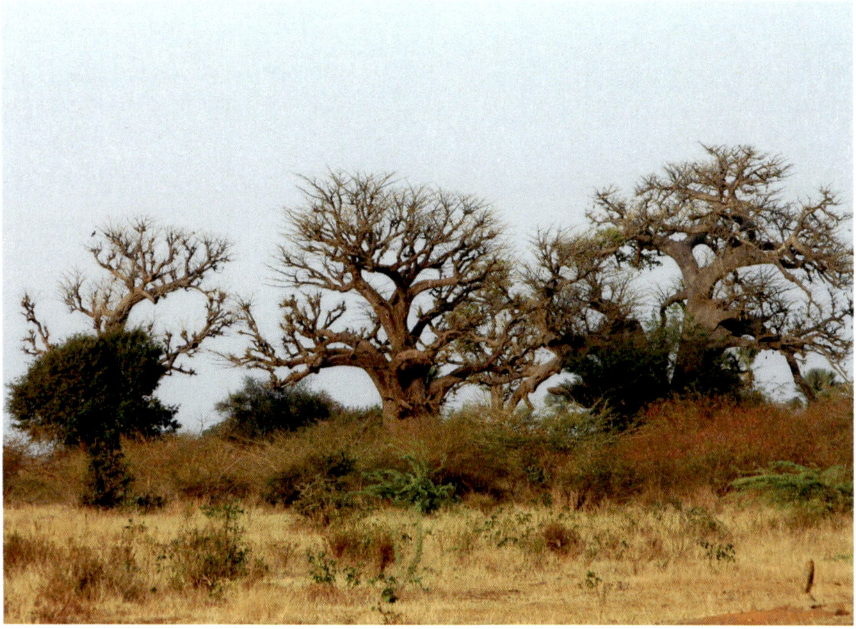

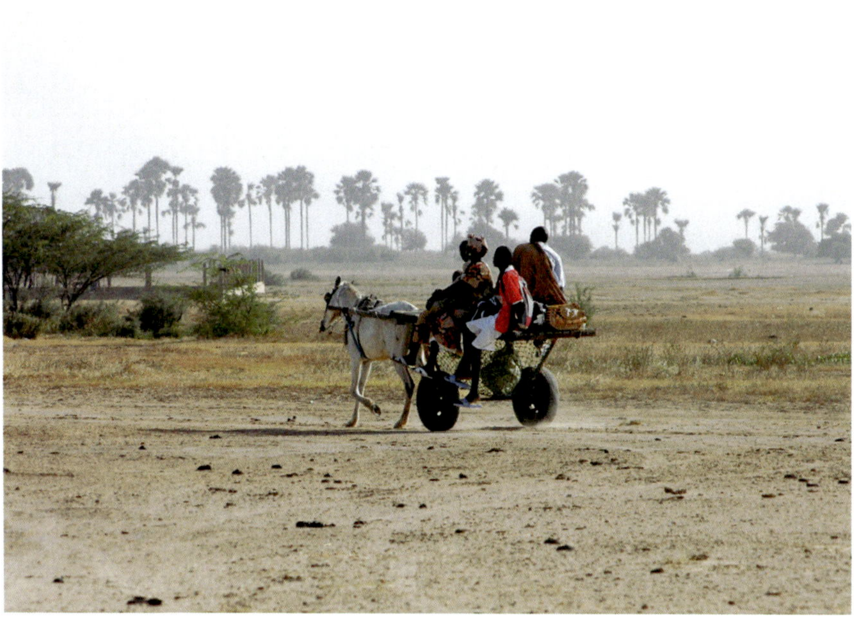

Ibrahima trainiert am Strand

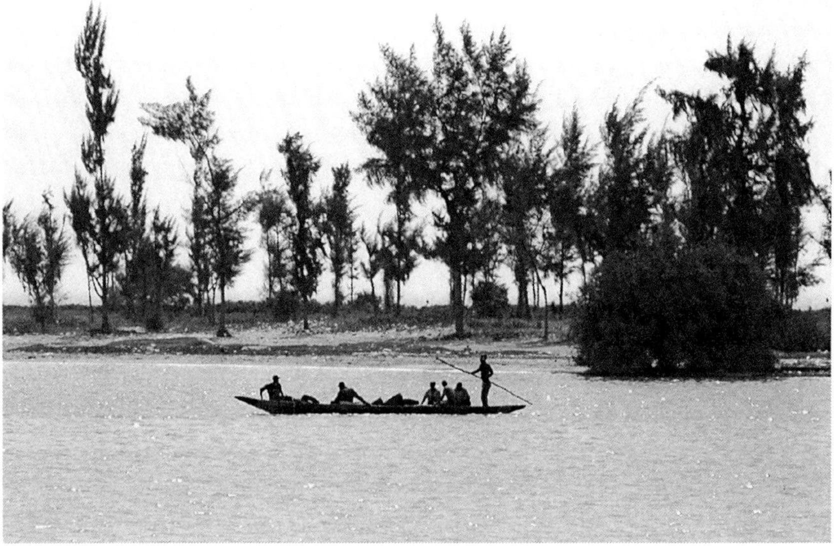

Salya

Sa - ly - a   na - who   Sa - ly - a

Ko - ra mbat - to bé - ku - ma - la   na - who ya - o

Sa - ly - a   Dun - dun mbat - to bé - ku - ma - la oh

na - who ya - o   Sa - ly - a

SALYA

Lied aus dem Süden des Landes

*Salya na who Salya
Kora mbatto békumala
Na who ya oh Salya,
Dundun mbatto békumalao,
Na who ya oh Salya.*

*Ein Griot spielt die Kora für den König Salya,
und auch die Trommeln spielen ihm auf.*

Dieses Lied ist im ganzen Land sehr populär, ähnlich dem *Fatou Yo* der Gruppe Touré Kunda. Salya ist der Name eines Königs. Er wird mit dieser Melodie eingeladen, der Kora und den Trommeln zu lauschen. In allen Regionen des Senegal wird dieses Lied gesungen, und ich empfinde es als ausgesprochen erfrischend und leicht zugänglich.

Woher kommt dieser Effekt? Die Kombination von Achtel- und Viertelnoten stimmt einen munter und die eingängige Melodie ist gleich nachsingbar, da sie kaum Sprünge aufweist und aus einer schlichten Tonfolge aufgebaut ist. Hier verbirgt sich die *dorische Skala*, die durch die große Sexte (d' – h') ihre eigene Farbigkeit erlangt.

Diese Skala bietet ein ideales Experimentierfeld zum Improvisieren. Sie ist das Geheimrezept so mancher Jazz-Stücke und öffnet die Tür in entlegene Harmonien...

Übung: Wir gehen im Notenwert der Halben im Raum umher (zwei Schritte pro Takt).

Begleitrhythmus:

Variante:

Auch die folgenden, rhythmisch gesprochenen Einwürfe können beliebig hinzugefügt werden – jeweils im Wechsel mit dem gesungenen Motiv *Kora mbatto bé kumala:*

Abdou tantao kossigni ba (Abdou, spiel die Trommel!) –
Kora mbatto bé kumala.
Libas Djembé kossigni ba (Libas, spiel die Djembé!) –
Kora mbatto bé kumala.
Préfet donkilo lanyé ba (Prefet, sing für mich!) –
Kora mbatto bé kumala.

DIE MUSIK WESTAFRIKAS

Ich möchte Ihnen an dieser Stelle zwei Bücher empfehlen, die einen tieferen Einblick in die traditionellen Rhythmen westafrikanischer Musik geben: *Rhythmen und Lieder aus Guinea* wurde 1997 von Famoudou Konaté und Thomas Ott herausgegeben. Es erläutert viele Fachbegriffe westafrikanischer Musik: Korrelationsrhythmen, Pulsation, Off-Beat (um nur einige zu nennen) und lässt Sie anhand original eingespielter Arrangements (Begleit-CD) in die Rhythmen der Malinké-Tradition eintauchen.
Musik in Schwarzafrika wurde 1992 von Volker Schütz herausgegeben, eine wunderbare Ergänzung für alle Trommler und Interessierte traditioneller Arrangements, mit detaillierten Übungsschritten für Lehrer und Schüler.

Westafrika gilt vielen als Wiege der modernen schwarzen Musik: des Blues, des Reggae und der kubanischen Musik. Durch den Sklavenhandel wurden viele Angehörige afrikanischer Völker wie der Ashanti und der Yoruba von der Westküste des Kontinents in die neue Welt verschleppt. Dort gründeten sie neue Musikstile, die zum Teil auf ihren Traditionen beruhten.

DIE TRADITION DER GRIOTS

Einen Grundpfeiler der westafrikanischen Musik bildet die Tradition der *Griots* (umherziehende Dichter und Musiker). Diese jahrhundertealte Kaste der Musiker und Geschichtenerzähler spielt bis heute eine große Rolle in Westafrika. Bis zum Ende des 19. Jahrhunderts, als das französische Kolonialregime die Gesellschaft beeinflusste, gehörten die Griots zum festen Hofstaat der afrikanischen Königreiche. Sie unterhielten den Adel, sangen Loblieder auf die Monarchen und bewahrten in ihren epischen Liedern das historische Gedächtnis der Dynastien. Man kann die Griots durchaus mit den Vaganten des deutschen Mittelalters vergleichen. Griots sind die Bewahrer der Vergangenheit ihres Volkes, sie beleben die Geschichte wieder neu mit ihrer Musik. Sie singen Balladen und erzählen Märchen zur Unterhaltung ihrer Zuhörer.

Die Griots wurden von ihren Gönnern mit großzügigen Geschenken bedacht. Heute stellen sie sich auch in den Dienst von Politikern und Geschäftsleuten. Den Präsidenten von Mali, Guinea, Gambia und dem Senegal wurden viele Tausend Lobgesänge gewidmet.

Meine Musikerfreunde erzählen mir von einer besonderen Frau namens Yandé Codou Sène, der *Griotte* des ersten senegalesischen Präsidenten Léopold Sédar Senghors. Ich bin erstaunt, dass es auch weibliche Griots gibt. Ihre Stimme wirkt rau mit einem unverkennbaren Vibrato. Sie singt in der Muttersprache L.S. Senghors, der Sprache der Serer. Auf der CD *Gainde* mit dem Untertitel *Voices from the heart of Africa*, singt sie mit Youssou N'Dour.

Zu den bekanntesten Orchestern Westafrikas zählen die *Rail Band* in Mali sowie das *Orchestra Baobab* im Senegal.

Zwei berühmte Sänger der *Rail Band de Bamako* dürfen hier nicht fehlen: Mory Kanté und Salif Keita. Ich empfehle das Album *Moffou* von Salif Keita. Die beiden gehören zu den populärsten Stimmen ihres Landes. Im Senegal entwickelt Youssou N'Dour mit seinen ausgefeilten Arrangements einen ganz neuen Stil, der sich *Mbalax* nennt (Hinweis: Das x wird in Wolof wie ein hartes ch ausgesprochen) und den alle Kinder, Jugendlichen und Erwachsenen mit Begeisterung tanzen. Die Beine scheinen dabei spiegelbildlich (entgegengesetzt) große, ausladende Kreise von innen nach außen zu schreiben – mir gelang die Bewegung bis heute nicht! Der *Leumbeul* ist die noch schnellere Variante des *Mbalax*.

„Die europäische Musik ähnelt einer Kathedrale mit einer ganz bestimmten Struktur, während die afrikanische Musik sich wie ein Fluss bewegt, auf ein unbekanntes Ende zu." [4]

Sir Charles Fox

In Berlin erlebte ich die Sängerin Rokia Traoré aus Mali, eine schlanke und sehr temperamentvolle Persönlichkeit, die in ihrer Muttersprache Bambara singt. Sie vermischt traditionelle Melodien und Rhythmen zu einem sehr eigenen, individuellen Stil, der durchaus zeitgenössisch ist. Ihre Stimme ist zart und seidig. Sie singt von Beziehungen, der Liebe, von der Stellung der Frau in der modernen heutigen afrikanischen Gesellschaft. Ich empfehle besonders ihre Alben *Wanita* und *Bowmboi*.

YOUSSOU N'DOUR UND BAABA MAAL
Popularmusik mit traditionellen Wurzeln

YOUSSOU N'DOUR

„Aufgewachsen inmitten der senegalesischen Musik, als Sohn einer traditionellen Sängerin, ist Youssou N'Dour heute ein Star im Senegal und einer der wenigen afrikanischen Künstler, dessen Ruf weit über seine Heimat hinausgeht. Die „New York Times" nannte ihn „einen der weltbesten Sänger" und das Time-Magazin nahm ihn in die Liste der hundert einflussreichsten Menschen auf, die die Welt verändert haben. Bei allen internationalen Erfolgen bleibt Youssou N'Dour fest verwurzelt im Senegal, in seiner Sprache, seiner Kultur und seiner Art, Geschichten zu erzählen. Als Protagonist des Mbalax, ist er für viele andere in seinem Heimatland eine leitende kulturelle Figur geworden. Er ist Botschafter der UNICEF und gründete die *Fondation Youssou N'Dour* zur Unterstützung der Kinder im Senegal und den *United Nations Youssou N'Dour Fund* zur Bekämpfung von Malaria."[5]

In seinem Album *Nothing's in vain*, das 2002 erschien, beeindrucken die Vielfarbigkeit der Arrangements und seine lebensnahen Texte. 2004 folgte einer seiner größten internationalen Erfolge: das Album *Egypt*.

„Musik ist eine Sprache, vielleicht die erste Sprache, die der Mensch hatte, und ich benutze sie, damit die Menschen die Botschaft hören und verstehen, schneller als aus jeder Zeitung. Ich singe über die Wirklichkeit, über die Gesellschaft, in der ich lebe. Das ist nicht nur der Senegal, das ist die ganze Welt."[6]

Youssou N'Dour

Höre ich Radio im Sengal, begleitet mich seine Stimme immer und überall. Er singt aus dem alltäglichen Leben, von den Sorgen und Problemen, dem Kindsein, Verliebtsein und öffnet die Herzen der Zuhörer. Viele mögen ihn, so scheint es mir. Der Mbalax ertönt im Taxi, im Dorf und auf den riesengroßen Märkten Dakars. Die Senegalesen tanzen den Mbalax mit einer Freude, die die umgebenden Zuschauer zum unmittelbaren Mittanzen einlädt. Ich mag seine Stimme und seine Art zu singen, studiere wieder und wieder seine Texte. Youssou N'Dour bleibt seinen senegalesischen Wurzeln verbunden und ist für mich zeitlos geblieben. Er liebt sein Volk und bleibt einer von ihnen, ist stolz auf seine Heimat. Das macht ihn wahrhaftig.

BAABA MAAL

Baaba Maal gehört zum Volk der Tukulor. Jemand erzählte mir, dass seine Mutter viel mit ihm sang und er von klein auf mit vielen traditionellen Liedern vertraut wurde. Er studierte in Dakar und Paris Musik und kehrte in den 80er-Jahren wieder in den Senegal zurück. Seine Band *Daande Lenol* (Stimme des Volkes) besteht aus neun Musikern. Er entwickelte eine Musik, die seinen Wurzeln sehr verbunden bleibt (meist mit Kora, Tama und Xalam begleitet).
Einmal erlebte ich ihn live im Theater Surano in Dakar. Es war ein breit angekündigtes Spektakel. Das eigentliche Konzert begann leider erst anderthalb Stunden nach der offiziell auf den Plakaten angekündigten Zeit. Vorher gaben sich ein paar junge Musiker und Sängerinnen die Ehre, sangen und brachten ein wenig Stimmung auf die Bühne. Dann wurde er angekündigt und kam in einem weiten, traditionellen Bubu in königsfarbenem Blau. Er hatte exzellente Live-Musiker an seiner Seite, die Xalam, Balafon und Trommel spielten. Im Publikum hatten sich angesehene Persönlichkeiten versammelt, wie man mir mitteilte. Manche Männer erschienen mit vier Frauen an ihrer Seite, alle in prunkvolle Gewänder gehüllt. Als Baaba Maal anfing zu singen, war ich sprach-

los über die unausgefeilte Tontechnik, das zu häufige Übersteuern der Mikrofone und die unglaubliche Lautstärke des Sounds. Ich merkte gleichzeitig, dass das Publikum genau diese Hörgewohnheit hatte, begeistert aufstand, mitsang und lange applaudierte. Immer wieder begaben sich Frauen in tanzendem Schritt Richtung Bühne und warfen Geldscheine zu Füßen des Sängers (eine übliche Geste des Respekts und der Zustimmung).

Das Mitgehen des Publikums, die unmittelbare Begeisterung der Afrikaner ist etwas, das in unseren europäischen Konzertsälen – vor allem bei klassischer Musik – vollkommen fehlt. Ab und zu erlebt man in Jazzkonzerten, dass mitten im Vortrag applaudiert wird, im Großen und Ganzen ist die Reaktion des Publikums jedoch verhalten und scheu.
Wieder in Berlin, vermisse ich diese Spontaneität und Direktheit in den klassischen Konzerten.

Und doch: Als Simon Rattle kürzlich in der Berliner Arena die *Swing-Symphonie* von Wynton Marsalis mit den Berliner Philharmonikern aufführte und Hunderte von Kindern und Jugendlichen dazu tanzten, applaudierte ich den Solisten unmittelbar nach ihren Soli zu und jubelte, wenn ein wunderschönes Solo oder Tanzduett gelang zum Erstaunen meiner Nachbarn rechts und links. Ich lud sie mehr und mehr dazu ein, spontan mitzuapplaudieren.

KUNST UND MUSIK

Es vergeht kein Tag in Afrika ohne Kontakte mit Künstlern und Musikern, ohne Trommelrhythmen, die von Weitem oder aus unmittelbarer Nähe zu hören sind, ohne swingende Gesten unter den Menschen und tanzende Bewegungen der Afrikaner, die mir begegnen, sei es, dass sie gerade einen Song von Youssou N'Dour im Radio hören oder ihren eigenen Rhythmus innerlich zum Anlass nehmen. Fast alle Menschen hier sind in der Tradition des Tanzens und Singens aufgewachsen. Alle Feste des Jahres (Taufen, Hochzeiten, muslimische Feste) werden mit Musik und Tanz umrahmt. Tanzende Kinder am Strand, Kinder, die mit zwei Stöcken auf Plastiktonnen trommeln, Mütter, die tanzend und wiegend ihr Kind auf dem Rücken tragen.
Jede Region hat in ihrer Musiktradition ihre eigenen Rhythmen, ihre eigenen Tänze und Lieder. Sie hat ihre eigene Skala, möchte ich behaupten. Nach meinem Aufenthalt in der Casamance erkenne ich sofort den Rhythmus und die traditionellen Melodien dieser Gegend, wenn ich sie im Radio höre. Sie sind erfrischend anders als an der Westküste.
Die meisten Musiker, mit denen ich in Kontakt komme, sind Multitalente, spielen mehrere Instrumente, sind Autodidakten und entwickeln aus innerer Überzeugung eine große Liebe zu ihrem Instrument. Manche haben tatsächlich bei einem Meister Unterricht genossen, doch auch diejenigen, die hörender- und sehenderweise ihr Instrument erlernt haben, sind unglaublich versiert und geschickt. Sie entwickeln ihren eigenen Stil und sind unermüdlich am Kreieren, am Suchen, am Entdecken, am Ausprobieren: Sie wahren ihr traditionelles Liedgut. Die Schönheit der Musik, ihre Vielfalt und regionale Eigenheit ziehen mich an. Die Klangfarben der traditionellen Instrumente in ihrer Zartheit und Unverwechselbarkeit (Kora, Balafon, Flûte Peulh) lerne ich schät-

zen und lieben. Unter den vielen Choreografen, die ich kennenlerne und mit denen ich auch phasenweise zusammenarbeite, fällt mir durchweg auf, dass sie in ihrem Tanz die traditionelle Basis in ihrem Ausdruck beibehalten, auch wenn sie in den *danse contemporaine* (den zeitgenössischen Tanz) wechseln oder einen nahtlosen Übergang von einem Stil in den anderen schaffen.

Allem voran bilden wohl die Rhythmen das entscheidende Initial für die westafrikanische Musik. Der Mbalax ist der populärste senegalesische Rhythmus. Ich frage mich, ob die jeweilige regionale Sprache die Grundlage für die enorme Vielfalt der Rhythmen bildet.

Baaba Maal, Ndongo Lo, Ismael Lô – jede Taxifahrt ist eingebettet in die vertraute traditionelle Musik dieser Musiker, sofern ein Radio vorhanden ist.

Neben den Musikern lerne ich Künstler verschiedener Sparten kennen: Maler, Bildhauer, Schriftsteller, Schneider, Schuhmacher mit ihrem eigenen Design, Schmuckmacher, Instrumentenbauer und Menschen, die töpfern oder batiken. In Dakar haben sie eine Chance, ihre Produkte zu verkaufen. Die Zahl der Touristen, die hier an der Petite Côte Urlaub machen, ist eher begrenzt und bietet höchstens in der Hauptsaison eine sichere Einnahmequelle.

Die Musiker des Kulturzentrums Espace Sobobadé sind eine besondere Gruppe: Die Trommler arbeiten eng mit den Tänzerinnen zusammen. Viele sind fest im Hotel untergebracht, sozusagen fest engagiert, und nehmen zusätzliche Auftrittsmöglichkeiten in Dakar und Umgebung wahr. Ein- bis zweimal im Jahr fliegen einige von ihnen nach Europa, um Workshops zu geben und Tanzprojekte zu realisieren. Der traditionelle Tanz in Verbindung mit modernem Tanz ist sehr beliebt. Ein internationaler Austausch ist jährlich durch Stipendiaten im Bereich Tanz und Musik gegeben. Drei Monate im Jahr bietet Gérard Chenet Künstlern aus der ganzen Welt die Möglichkeit, mit den ansässigen, einheimischen Musikern zusammenzuarbeiten. Dieses Stipendium – das auch mir den Sprung nach Afrika ermöglichte – wird von der UNESCO gefördert und finanziert. Bald kommt eine Choreografin aus Mexiko her – die Spannung steigt.

Nach meinen ersten beiden Reisen in den Senegal erlebe ich den von André Heller ins Leben gerufenen Zirkus *Afrika! Afrika!* in Deutschland. Selbstverständlich sind auch Künstler aus dem Senegal dabei, und ich tauche mit meinem ganzen Wesen ein in die Erinnerungen an Afrika, in die mir so vertraut gewordene Musik, die Kunst, in die unglaubliche Körperbeherrschung. Alles bettet sich vollkommen harmonisch ein und wird umrahmt von wundervoll kräftigen Farben und bunten Kostümen. Mein Applaus ist stürmisch und enthusiastisch!

WÉTIO – AUSTAUSCH
Meine afrikanische Band

Als ich im Sommer 2006 zu meinem zweiten, langen Aufenthalt in den Senegal aufbrach, wurde ich innerlich ganz getragen von der wunderbaren Idee, traditionelle Lieder und Rhythmen zu sammeln und sie aufzuschreiben.

Dort angekommen, tausche ich mich mit meinen Musikerfreunden aus und erzähle ihnen von meinem Vorhaben. Alle Lieder, die ich während meines ersten dreimonatigen Aufenthaltes erlernte, sind mir noch so präsent, als hätte ich sie gestern zuletzt gesungen. Auch umgekehrt verhält es sich so, dass die Tänzerinnen keines der Lieder und Songs unseres Abschlussprogramms vergessen haben. Sogar an die zweiten Stimmen erinnern sie sich und die Texte sitzen tadellos, obwohl unter ihnen kaum jemand Englisch spricht. Das altdeutsche Lied *Dat du min Leevsten büst* ist das einzige deutsche Lied, das sie gelernt haben. Die Tänzerinnen sangen alle Strophen akzentfrei. Dieses Mal begrüßen sie mich mit diesem Lied, mit allen Strophen. Dann erzählen sie mir, dass sie manchmal nach ihrem Tanztraining zusammen säßen und die Lieder singen würden, die sie mit mir erlernten. Alle Lieder seien ihnen noch sehr präsent. Ich bin sehr gerührt, denn es ist über ein Jahr her, seitdem ich zuletzt hier war.

Jetzt treffe ich mich regelmäßig mit den Musikern und wir vertiefen vertraute Lieder. Ich begleite sie auf meinem E-Piano und lasse mich darauf ein, die Skalen langsam herauszutüfteln, neue Arrangements zu kreieren und regelmäßig mit einer Gruppe zu musizieren. Libas und Ibou sind hervorragende Perkussionisten. Sie kommen mit der Zeit immer öfter in unsere Proben und gesellen sich mit ihren Trommeln zu uns, bis wir einen regelmäßigen Rhythmus der Zusammenarbeit finden, die Lieder weiter und weiter ausfeilen. Donald (Sänger und Gitarrist) spielt akustische Gitarre. Er kreiert wunderschöne eigene Songs und Balladen. Viele Refrains seiner Stücke singen wir im Duett. Mariama ist die Fünfte in unserem Ensemble. Mit ihr arbeite ich viele Monate zusammen, gebe ihr Einzelunterricht in Gesang und lerne aus ihrem großen Repertoire an traditionellen Liedern viele schöne Melodien. Sie stammt aus der Casamance.

Eines Tages lade ich alle ein, mit nach Dakar zu kommen, und wir verbringen einen ganzen Tag im Tonstudio Lamine Faye. Trotz einiger Stromausfälle bleiben wir gelassen und sind guter Laune. Ich erkenne mich nicht wieder! Normalerweise bin ich in solch einer Situation eher nervös und unruhig, vor allem, wenn die Verantwortung der Arrangements in meinen Händen liegt! An diesem Tag begegne ich mir ganz neu und bleibe erfrischend leicht bis in den späten Abend. Ich erinnere mich, dass wir nach der Aufnahme schlendernd und pfeifend durch die Straßen zogen trotz unserer Müdigkeit und leichten Erschöpfung.

Ich glaube, es liegt an der vorher gewachsenen Art des gemeinsamen Musizierens, dass wir so ausgeglichen und locker geblieben sind. Die Motivation, immer wieder Neues auszuprobieren, Altes zu verwerfen, dranzubleiben und nicht aufzugeben, übertrug sich im Laufe der Zeit von den Musikern auf mich. Auch Mariama gab mir während der Zusammenarbeit immer wieder die Möglichkeit, ganz experimentell und spontan mit den Motiven der Lieder zu spielen, sie zu variieren, eine zweite Stimme hinzuzufügen. Dann improvisierte sie während des Refrains und ich arrangierte die Lieder am Klavier. Wenn's uns beiden gefiel, ließen wir's stehen, stellten Donald unsere Kreation vor und baten ihn, hier und da mit der Gitarre dazuzukommen.

Alle gaben mir den Raum und die Zeit, meinen klassischen Stil ein wenig zu verändern und ihn mit den traditionellen Linien der afrikanischen Melodien zu verweben. Und immer wieder begegnete ich dem Phänomen, dass ein exaktes Miteinander beim Musizieren eher gelang, wenn ich den Kopf dabei ausschaltete. Diesen besonderen Moment, in dem die „Kontrolle" dessen, was da gerade musikalisch passierte, einfach nicht mehr da war, erlebte ich als ganz neue Erfahrung! Unvorhersehbar spürte ich dann von einem Moment zum anderen, dass ich das Tempo erfasst hatte. Alle lächelten und nickten mir zu. Ich bekam ein anerkennendes Solo auf der Djembé „zugespielt" und wir hörten mit den Proben nicht mehr auf.

Jeden Tag hatten wir neue Zuhörer, andere Musiker, Urlauber zu Gast oder die Tänzerinnen schauten herein. Sie swingten mit, gaben uns ihr Feedback und lauschten unserer Musik. Schließlich spielten wir ab und an im Hotel, gaben unsere Kreationen weiter und erfreuten uns an den Reaktionen des Publikums.

HEILUNG DURCH TRANCE-TANZ

Welch heilende Wirkung von afrikanischen Trommelrhythmen ausgeht, erlebe ich in der traditionsstarken Völkergruppe der *Lébou*. Die Heilung von Kranken durch Trance ist bei ihnen recht verbreitet. Eines Tages erfahre ich, dass die Mutter einer Bekannten im Dorf durch Trance geheilt werden soll, ein sogenannter *Ndepp* wird vorbereitet. Die Tänzerinnen erklären mir, dass die Heilung über viele Tage verteilt in engerem Rahmen stattfindet. Jeder, der Interesse hat, kann zusehen. Ich bin neugierig und mache mich mit auf den Weg. Eine Tänzerin begleitet mich.

Wir kommen in einen Innenhof, der von mehreren Häusern umsäumt ist. Eine größere Menschenmenge ist bereits da und man stellt mir einen Stuhl zur Seite, verbietet jedoch strikt das Fotografieren während der Trance. Ich akzeptiere natürlich und warte ab. Etwa fünf Sabar-Trommler und ein Tama-Spieler sind anwesend. Viele, vor allem ältere Frauen, sind in festliche Gewänder (*Bubus*) gehüllt. Kinder umschwärmen mich skeptisch und doch neugierig. Meine Begleiterin sagt mir, dass die ältere Frau, die den Musikern am nächsten sitzt, von ihrer Krankheit geheilt werden soll.

Etwa fünf Minuten später ist sie die Erste, die in Trance fällt. Die Musiker spielen einen beruhigenden Rhythmus mit vielen Pausen, steigern sich mehr und mehr in Dynamik und Tempo. Dann fallen andere Frauen zu Boden. Die Trommler bewegen sich ganz langsam auf sie zu.

Die Gesten der in Trance gefallenen Frauen sind unterschiedlich – mal sind es wiegende Körperbewegungen, mal sieht es wie stampfendes Tanzen aus, Tränen fließen auch, manche Frauen zucken am Boden liegend heftig mit ihren Armen und Beinen, andere wälzen sich rollend von einer Kreisseite zur anderen. Wenn sie in Trance fallen, stürzen sie regelrecht zu Boden, der Oberkörper fällt nach vorn, die Hände bohren sich in den Sand, es folgen wiegende Bewegungen, ein plötzliches Sich-Aufrichten ist nicht ungewöhnlich. Anwesende begeben sich nun ganz bewusst zu den Trance-Frauen und tanzen ihnen gegenüberstehend zu, sie spiegeln ihre Bewegungen. Schließlich kommt ein Trommler dicht heran und intensiviert den Sabar-Rhythmus. Nun mündet auch der Tanz in wilde, heftigere Bewegungen. Dann wieder ein Sturz zur Erde. Ein Eimer Wasser steht bereit, die Tänzerin löst sich selbst aus ihrer Situation, indem sie sich Wasser über ihren Kopf schüttet. Im Moment des Zusichkommens beginnen die Zuschauer ein Lied zu singen, ein Lied, das ihr vertraut ist und das in ihren verschiedenen Lebensabschnitten immer wieder für sie gesungen wurde. Sie kommt langsam zu sich, wiegt sich immer noch im Rhythmus der Trommeln, schaut nun klar ins Publikum und wankt langsam an einen Platz in der Menge zurück, völlig entkräftet!

An diesem Nachmittag fallen gleichzeitig mehrere Frauen in Trance, auch Aissiatou, die ich kenne. Ich erfahre, dass sie an diesem Tag zum ersten Mal in ihrem Leben in Trance gefallen ist. Sie erzählt mir Tage später, dass sie wie magisch von den Sabar-Rhythmen angezogen wurde. Das Haus ihrer Familie liegt nicht weit entfernt von der Zeremonie und sie sei, wie von einem Magnetband gezogen, bis in den Kreis der Trommeln geführt worden. Sie bleibt lange in Trance, da die Rhythmen wegen des Abendgebets der Muslime unterbrochen werden. Und sie erinnert sich an nichts mehr, außer an das Gefühl des Sogs, als sie aus ihrem Haus ging. Sie weiß auch nicht mehr, wie sie nach Hause gekommen ist. Ich würde es nicht glauben, wenn ich's nicht erlebt hätte.

Man sagt mir, dass alle, die einmal in Trance gefallen sind, bei jeder kommenden Zeremonie, an der sie teilnehmen, wieder in Trance fallen würden. Ich bin sehr beeindruckt und fühle mich hinterher selbst etwas erschlagen.

Viele Menschen wurden auf diese Weise geheilt, erfahre ich. In manchen Regionen des Senegal werden auch Tiere geopfert. Man sagt mir, dass die Wahrscheinlichkeit einer Heilung groß sei, wenn die Krankheit noch nicht weit fortgeschritten ist.
Mystik im Senegal – hautnah und lebendig.

MALARIA

In der Regenzeit nimmt die Anzahl der Malariakranken stark zu – Moskitonetz und Antimückenspray reichen nicht aus. Es gibt viele Tausend Einheimische, die noch nie unter einem Moskitonetz geschlafen haben. Zweimal erlebe ich diese heimtückische Krankheit bei Menschen, die ich kennenlerne: einmal bei einem fünfjährigen Mädchen und einmal bei Samba, einem der Musiker. Hohes Fieber geht einher mit Schüttelfrost und sehr unruhigem Schlaf, in dem laut gesprochen wird. Der Körper ist so geschwächt, dass Samba kaum in der Lage ist, zu gehen oder Treppen zu steigen. Der Kopf scheint zu zerspringen, ist bleiern und schwer, die Glieder, alles tut lähmend weh.

Zum Glück ist die Malaria, wenn man direkt zum Arzt geht, relativ schnell und gut zu heilen. Problematisch wird es dann, wenn nichts unternommen wird, wenn aus finanziellen Gründen kein Arzt aufgesucht werden kann. Ich begleite Samba in eine Klinik in Rufisque. Alle Betten in den Fluren und in den Nebenräumen sind belegt mit kleinen Kindern, Jugendlichen und Erwachsenen, die am Tropf hängen. Traurige Gesichter, geschwächte Körper mit müden Augen blicken mich an. Der Arzt nimmt sich sofort Zeit für uns und empfiehlt einen ein- bis zweitägigen stationären Aufenthalt. Samba bekommt Infusionen, Spritzen, eine Routine-Medikation. Der behandelnde Arzt ist auf tropische Krankheiten spezialisiert und sagt mir, dass dieser Fall täglich vorkomme, meist auch in Verbindung mit akuten Magenproblemen. Viele Menschen seien von beidem geschwächt.

Ich fühle mich ohnmächtig. Das Zimmer ist recht teuer, für viele Menschen unbezahlbar. Die Verhältnisse sind erbärmlich, alles ist staubig, das Bad unhygienisch, der Wasserhahn funktioniert nicht. Das Zimmer liegt gleich an der Hauptverkehrsstraße nach

Dakar, sodass eigentlich keine Möglichkeit besteht, sich ausruhen zu können.

Ich fühle mich müde und leer, kann nur wenigen Menschen finanziell helfen. Es sind so viele, die Hilfe brauchen. Ich werde beten, viel beten, und meditieren für all die Kranken und hoffe, dass meine eigene Kraft nicht verloren geht und ich für andere da sein kann.

Nach drei bis vier Tagen tritt bei Samba eine deutliche Besserung ein. Die Spritzenkur hat gewirkt, langsam beginnt sein Körper wieder seinem normalen Rhythmus nachzugehen.

Hoffentlich wird irgendwann ein Impfstoff entwickelt, der die Krankheit im Keim ersticken kann. Jeder achte Mensch im Senegal stirbt an Malaria, am meisten betroffen sind die Kinder.

MONSIEUR FOFANANE

Einmal in all der Zeit besuchte ich selbst einen Arzt, nicht weit vom Kulturzentrum entfernt: Dr. Fofanane ist zuständig für alle umliegenden Dörfer in der Gegend, hat durchgehend geöffnet, wohnt gleich nebenan und ist somit ununterbrochen im Einsatz. Die Einheimischen bezeichnen seine Praxis als Krankenhaus. Neben seinem Behandlungszimmer gibt es mehrere Krankenzimmer mit je zwei Betten. Manche Türen stehen offen und ich sehe Patienten auf einfachen Betten liegen. Sie bekommen eine Infusion, meist gegen Malaria oder allgemeine körperliche Erschöpfung. Ich melde mich bei einer Krankenschwester an und setze mich in die wartende Menge. Hühner laufen im Hof herum, Kindergeschrei, einige Mütter sitzen da und halten ihre Kinder auf dem Schoß. Aus den Behandlungszimmern dringen klagende Stimmen, Kinder, die weinen. Bei offenen Wunden gibt es keine Möglichkeit einer leichten Betäubung. Die Kinder müssen die Schmerzen einfach aushalten. Menschen aller Altersstufen, Männer wie Frauen, sitzen geduldig wartend um mich herum. Mein rechtes Bein hat eine offene Wunde, die seit Wochen nicht heilt, und mein Fuß ist sehr stark angeschwollen. Leider hat das Penizillin, das mir vor acht Tagen in der Apotheke verabreicht wurde, nicht angeschlagen. Als die Tür des Arztzimmers aufgeht, begrüßt mich Dr. Fofanane herzlich. Er erinnert sich gleich an mich, da ich ihn vor Wochen bereits mit Samba aufsuchte und ihn um Hilfe bat. Er behandelte Samba mit großer Ruhe und überwies ihn in die Klinik nach Rufisque. Dann fragt er, weshalb ich da sei, und ich zeige ihm mein Bein. Er bittet mich zu warten und verschwindet wieder in seinem Behandlungszimmer.
Ich setze mich und lese in einem Buch. Nach einer halben Stunde lege ich das Buch kurz zur Seite und schaue in die Gesichter der vielen hübschen Menschen. In die wartende Stille spricht

mich eine Frau an und fragt mich auf Französisch, ob ich Französin sei. Nein, Deutsche, entgegne ich. Ob ich verheiratet sei – ich verneine. Und ich habe auch keine Kinder? Ich verneine wieder. Dann wiederholt sie laut vor allen, die um mich sitzen, in Wolof, dass ich Deutsche sei, nicht verheiratet und keine Kinder habe. Ich verstehe mittlerweile ein wenig Wolof, wenngleich ich es nicht sprechen kann. Im selben Moment spüre ich eine große Verachtung in ihrem Blick. Ich wende mich wieder meinem Buch zu und spüre alle Blicke auf mich gerichtet.

Ein sehr erdrückendes Gefühl macht sich in mir breit und ich kann mich nicht mehr auf den Text im Buch konzentrieren, richte meinen Blick wieder auf die Menschen um mich herum. Manche schauen mich wohlwollend an, zeigen offene Blicke.

Eine afrikanische Frau in meiner Lebenssituation würde in vielen Regionen verachtet werden, und ich versuche mich in ihre Lage zu versetzen.

Viele Frauen werden heute noch mit Männern verheiratet, die die Dorfältesten ihnen zuteilen und zu denen sie nie eine wirkliche Liebe aufbauen. Ich stelle mir diese Situation vor und bin entsetzt. Dann ärgere ich mich über meine Offenheit und warte geduldig, bis ich nach einer weiteren Stunde schließlich an die Reihe komme. Ich begebe mich in das Behandlungszimmer.

Dr. Fofanane meint, dass ein Wurm diese Infektion verursacht habe und behandelt mich zügig. Eine Woche lang bekomme ich nun täglich eine Spritze mit einem Antibiotikum, dann säubere ich die Wunde selbst mit Jod und Tamponaden. Es ist ein richtig tiefes, offenes Loch in meinem Bein und sieht alles andere als gut aus. Hier in seinem Behandlungszimmer spüre ich jedoch wieder Vertrauen und weiß, dass der Weg zu ihm der richtige war.

Etwa zwei Wochen zuvor sah sich Pape, einer der Gärtner des Kulturzentrums, meine Wunde an und ging morgens um fünf Uhr mit der Taschenlampe hinaus in die Felder und suchte Heilpflanzen für mein Bein. Er klopfte anschließend vorsichtig an meine Tür und meinte, dass diese Pflanzen den Eiter aus der Wunde ziehen könnten. Ich vertraute ihm und machte alles so, wie er es mir vorgab. Am nächsten Tag blutete die Wunde stark und ein wenig Eiter löste sich tatsächlich. Ich konnte mittlerweile jedoch nicht mehr normal gehen und beim Auftreten schmerzte das ganze Bein. Papes Geste wird mir immer in Erinnerung bleiben. Er handelte für mich mit einer Selbstverständlichkeit, als sei ich ein Mitglied seiner Familie.

Als die Wunde nach ca. sechs Wochen endlich zuheilt, meint Dr. Fofanane, dass ich wirklich sehr spät zu ihm gekommen sei. Er habe sich ernsthaft Sorgen gemacht. Ich solle in Zukunft unmittelbar einen Arzt aufsuchen. Gott sei Dank verheilte meine Wunde dennoch relativ unproblematisch und ich bin glücklich, dass ich während meines langen Aufenthaltes kaum weitere gesundheitliche Beschwerden hatte. Um mich herum erkrankten viele Bekannte und Freunde an Malaria, litten an Erschöpfungszuständen, hatten starke Durchfälle oder hohes Fieber mit Schüttelfrost.

Ich war stets mit Desinfektionsspray, Bepanthen-Salbe und Bandagen bzw. Wundpflaster unterwegs, um spontan (meist Kindern) zu helfen, die verletzt über die Straße liefen oder offene Wunden hatten. Wenn die Wunden groß waren, bat ich sie am kommenden Tag wiederzukommen. Sie kamen auch, suchten mich auf und fragten nach mir.

So empfehle ich Ihnen – egal wohin Sie in Afrika reisen – Medikamente für sich selbst, aber auch für die Einheimischen mitzunehmen, denn die wenigsten können sich Medikamente leisten. Ob Paracetamol, Aspirin, Wund- und Desinfektionssprays, Wundpflaster, Bandagen oder Kompressen, Antibiotika, Sie helfen den Menschen ungemein, müssen ihnen jedoch eine genaue

Dosis vorgeben, da sie keinen Bezug zur Anwendung haben. Bei Schmerzen möchten manche am liebsten die ganze Packung einnehmen.

Das Loch in meinem Bein hinterließ eine Narbe. Damals stand ich kurz davor, wieder nach Deutschland zurückzukehren. Wie gut, dass ich das nicht getan habe!

DIE STELLUNG DER FRAU IM SENEGAL

Ich erfahre, dass die Zwangsehe in vielen Völkergruppen des Senegal trotz staatlichem Verbot immer noch durchgeführt wird. Eine Tradition, die zum Glück mehr und mehr aufbricht. Viele der betroffenen Frauen haben nicht den Mut, sich aus ihrer Bestimmung zu befreien. Ich habe Frauen kennengelernt, die vier bis fünf Kinder großgezogen haben und weder lesen noch schreiben konnten, die sich ihrer Tradition vollkommen unterwarfen. Oft ist einfach auch kein Geld vorhanden, um die Ausbildung für die Kinder zu finanzieren. Also bleiben die Mädchen zu Hause, schleppen Wasser vom Brunnen, gehen in den Wald Holz schlagen oder auf den Markt Fisch kaufen, fegen den Hof und erfahren nichts von der Welt in der Stadt, vom Leben anderer Kulturen, sie lernen weder Lesen noch Schreiben und bleiben in ihrer Rolle als Frau und Mutter gefangen.

In Politik und Gesellschaft haben sich einige senegalesische Frauen einen großen Namen gemacht. Die Schriftstellerin Mariama Bâ konfrontiert den Leser hautnah mit ihrer Tradition. Authentisch und in sensibler Sprache reflektiert sie die Situation der Frauen im Senegal, in Westafrika. Sänger wie Youssou N'Dour öffnen für Tausende von Jugendlichen eine Tür in ein modernes, interkulturelles Senegal mit Selbstbewusstsein und Verantwortung.

Ich habe selbst erfahren, welche Schande es nach afrikanischer Tradition ist, dass ich unverheiratet bin, keine Kinder habe, dass ich allein lebe, dass ich unabhängig bin.

Es sollte wirklich verpflichtend für alle Kinder sein, Kindergarten und Grundschule zu besuchen. Viele Kinder begegneten mir ohne Begrüßung am Strand, hielten die Hand auf für Geld oder Geschenke. Manchmal begleiteten sie mich ein Stück meines Weges und ich konfrontierte sie im Gespräch mit dem Verhalten, das sie mir gegenüber zeigten. Große Augen und Blicke, dass ich sie darauf anspreche. Sie verabschiedeten sich freundlich – ein kleiner Hoffnungsschimmer.

In der Casamance war gerade Mangoernte, als ich in der Regenzeit dort war. Große Lkw kamen in aller Frühe angefahren und die Männer setzten sich stundenlang auf die Ladefläche, während die Frauen Schwerstarbeit leisteten. Sie schleppten große Waschbütten randgefüllt mit Mangos an den Laster, ohne Mucks und Aber, verluden die Früchte und kehrten zurück in den Wald. Mit welcher Selbstverständlichkeit dies geschah, ist unfassbar. Manchmal begannen die Frauen zu singen und zu tanzen, wenn sie sich von ihrer Last befreit hatten. Das Singen gab ihnen Kraft und Erleichterung für die harte körperliche Arbeit.

Ebenso verhält es sich beim Wassertragen vom Brunnen, der mitunter weit vom Haus entfernt liegt. Die Rollen sind verteilt: Es sind die Mädchen, die bis zu 20 Liter Wasser auf ihrem Kopf tragen. Vom Meer führt ein steiler Hang hinauf ins Dorf. Rücken- und Kopfschmerzen sind die Folge, Nackenbeschwerden und starke Muskelverspannungen. Doch es ist schon seit Generationen so, dass die Frauen und Mädchen sich um diese harte Arbeit kümmern. Keiner hinterfragt, alle nehmen schweigend hin! Die meisten sind in diesem Rhythmus groß geworden, kennen nicht die Bequemlichkeit eines Wasserhahnes, eines Gasherdes, einer Dusche, einer Toilette, eines Bettes oder eines Radios. Ich sehe kaum Fahrräder im Ort – alles wird zu Fuß oder mit dem *taxi brousse* zurückgelegt.

Ich achte die Religion des Islam und doch sehe ich Männer, die mit vielen Frauen verheiratet sind, zu viele Kinder haben und sich nicht ausreichend kümmern *können,* die am Existenzminimum leben und die Erziehungsarbeit zum großen Teil den Frauen überlassen. Ihr Frauen im Senegal, ihr habt es in der Hand, eurem Leben eine neue Richtung zu geben, euer Leben selbst in die Hand zu nehmen und die Anzahl eurer Kinder mitzubestimmen!

Diese Kultur ist so reich und so verwurzelt, doch von außen betrachtet kann ich nicht alles gutheißen. Ich bin mitunter geschockt, einfach fassungslos und traurig. Doch ich habe die Hoffnung, dass dieses Land, das seit längerer Zeit politisch in innerem Frieden lebt, einen Wandel im sozial-familären Bereich und in der Bildungspolitik erfährt. Frau Edda Brandes, Ethnomusikologin aus Berlin, recherchiert seit Jahrzehnten in Mali und hat einen sehr einfühlsamen Film zum Thema Mädchenbeschneidung gedreht, den ich vor ein paar Jahren im Interkulturellen Frauenzentrum S.U.S.I. in Berlin sah – die Kürzel stehen für solidarisch, unabhängig, sozial, international. Ohne erhobenen Zeigefinger und mit hoher Sensibilität versucht sie auf diese Tradition aufmerksam zu machen und einen neuen Weg für die Zukunft zu finden. Ich bin beeindruckt von der Behutsamkeit und großen Kraft dieses Dokumentarfilmes.

Im Senegal ist die Mädchenbeschneidung mittlerweile von der Regierung verboten.

L'avenir de l'Afrique dans les mains des femmes!
Die Zukunft Afrikas liegt auch in den Händen der Frauen!

DIE TALIBÉ-KINDER

Die Präsidialregierung im Senegal schreibt die Einschulung an allgemeinbildenden Schulen grundsätzlich vor, doch nicht alle Eltern halten sich daran. Nach alter Tradition gibt es neben den Schulen, in denen neben Wolof (der mit über 80 % am meisten gesprochenen Sprache des Senegal) auch Französischunterricht erteilt wird, viele Hundert Koranschulen. Dort lernen die Kinder ausschließlich Arabisch und werden im Lesen und Rezitieren des Korans ausgebildet. Manche Koranlehrer (Marabouts) genießen einen sehr hohen Respekt und besondere Anerkennung in der Gesellschaft. Man erzählt mir, dass die Eltern für diese Ausbildung kein Geld bezahlen müssen, die Kinder aber dazu angehalten sind, auf der Straße zu betteln – tagtäglich – und verpflichtet sind, dem Marabout am Abend das Geld zu übergeben.
Der Alltag dieser Kinder ist sehr streng und hart. Morgens müssen sie mit der Sonne aufstehen und Koranverse rezitieren. Sie übernachten teilweise in sehr ärmlichen Verhältnissen auf dünnen Strohmatten, die auf dem Steinboden liegen. Kein Komfort, kaum Besuch von der Familie, die teilweise viele Kilometer von den Kindern entfernt lebt und sich die weite Fahrt zu ihren Kindern nicht immer leisten kann. Der Koranlehrer bleibt über viele Jahre die einzige Bezugsperson und es gibt leider viele unter ihnen, die die Kinder für ihr eigenes Wohlergehen ausnutzen.

Die Talibé-Kinder laufen immer in kleinen Gruppen durch die Straßen – in Toubab Dyalaw erkenne ich sie von Weitem an ihren roten Büchsen, mit denen sie bettelnd unterwegs sind. Ich gebe ihnen grundsätzlich kein Geld. Sie bekommen Erdnüsse oder Obst von mir und ich mache keine Ausnahme.
Da sich im Senegal mehr als 90 % der Bevölkerung zum islamischen Glauben bekennen, sind die Koranschulen – die sogenannten *Daaras* – weit verbreitet und nehmen jährlich zu. In der

nördlichen Gegend um St. Louis sollen es mittlerweile über 300 Schulen sein.

Im Nachbarort Kelle begann ein italienisches Ehepaar vor vielen Jahren, sich für die Talibé-Kinder in der Umgebung von Toubab-Dyalaw zu engagieren. Ich besuchte den Leiter der Organisation während meiner letzten Reise und möchte Ihnen davon berichten. *La case de solidarité de Kelle* wurde von Giovanni Quadroni, einem italienischen Arzt, und seiner Frau Ornella ins Leben gerufen. Die beiden haben in einer beispielhaften Weise Raum geschaffen für einen Teil der Talibé-Kinder. Sie nahmen zunächst Kontakt zu den Marabouts in der Nähe von Kelle auf, besprachen die Situation vor Ort und boten dann ihre Hilfe an. Näheres erfahren Sie im Internet unter www.scuoleaperte.com oder unter *Les enfants d'Ornella*.

Seitdem betreut Giovanni die Kinder des Marabouts medizinisch. Auch im Dorf Khaye Nayes, in dem manche Kinder an Albinismus leiden, versorgt und betreut er Eltern und Kinder. Er erzählt mir, dass der Erd- und Sandfußboden einer Koranschule, der den besuchenden Kindern schwere Atemprobleme bereitete, zementiert wurde. Zweimal in der Woche kommen diese Kinder jeweils für einen Tag in Giovannis *Scuole Aperte,* sein Zentrum in Kelle. Sie haben dort die Möglichkeit, zu duschen, bekommen einfache Kleidung und Essen. Die Weisenkinder unter ihnen können sogar dort übernachten und werden rundum betreut. Zwei Lehrerinnen sind gerade da und bereiten einen Klassenraum vor. Sie erteilen Französischunterricht für die Kinder, aber auch für deren Eltern, die nicht lesen und schreiben gelernt haben. Es gibt einen Fernsehraum und einen Raum mit Computern, an die die Jugendlichen nach und nach herangeführt werden.
In den Anfangsjahren lebte Giovanni mit seiner mittlerweile verstorbenen Frau teilweise im Senegal, teilweise in Italien. Dort ge-

hen viele Spendengelder für dieses Projekt ein. Als ich zu ihm komme, behandelt er gerade ein Kind und bittet mich, einen Moment zu warten. Ich sitze im Innenhof des Zentrums, in dem ein leichter Wind zu spüren ist und ein gespanntes Segel vor der starken Sonne schützt. Dann erzählt Giovanni mir, dass das Mädchen, das er gerade behandelt habe, an einer seltenen Krankheit leide. Mithilfe von Spendengeldern ist es möglich, das Kind in Italien operieren zu lassen. Er fügt hinzu, dass ein Großteil der Krankheiten von einem Mangel an Vitamin A herrühre, und dann führt er mich hinter das Haus. Dort ist eine Reihe von Gemüse- und Salatbeeten angepflanzt. All diese Pflanzen hätten einen starken Vitamin-A-Gehalt, meint er, und sein Ziel sei es, die vorgezüchteten Pflanzen in die Familien der Talibé-Kinder zu bringen. Die Mütter hätten Vertrauen zu ihm und er lehre sie, die Beete zu Hause selbst zu nutzen, neu anzupflanzen und die Ernährung umzustellen. Ich bin begeistert! Der Arzt strahlt eine starke Ruhe aus, die ihn mir sehr sympathisch macht. Ich frage ihn, ob diese Initiative auch ein Spendenkonto habe, denn in Deutschland würde ich manchmal gefragt, ob ich eine Familie kenne, der man finanziell helfen könnte. Hier erlebe ich vor Ort, in welcher Form die Spenden der Hilfe dieser Kinder und ihren Familien zugutekommen.

Giovanni erzählt weiter, seine Frau habe unnachgiebig und mit einem großen Eifer für diese Initiative gekämpft. Er fühle sich ihr mehr als verpflichtet, ihre Idee weiterzuführen, und seit ein paar Monaten sei er ganz in den Senegal übergesiedelt. Ich nicke ihm zu. Am kommenden Samstag sei ein Kinderfest, das sie organisiert haben. Ich sei herzlich willkommen, meint er. Ein Musiker aus meiner im Vorjahr zusammengestellten Band *Wétio* ist auch dabei, Donald. Er hat gerade für einen Wettbewerb einen Song im Radio eingereicht, der die Kinder darüber aufklärt, wie sie sich besser vor Malaria schützen können. Auch er singt für die Kinder

Giovannis, engagiert sich und ist dem dort arbeitenden Team gut bekannt. Ich verabschiede mich von Giovanni und bedanke mich für seine Zeit.

Sylvie, die Leiterin des Kulturzentrums, sagt mir, sie habe bereits von Giovannis Zentrum gehört, als ich ihr davon erzähle. Unmittelbar meint sie: „Inge, du weißt, wir brauchen dich hier! Und wenn du irgendwann einmal ein Musik-Projekt mit den Talibé-Kindern umsetzen möchtest, können wir dir dabei behilflich sein!" Um Essen und Unterkunft der Kinder würde sie sich kümmern. Die musikalische Arbeit läge voll in meinen Händen. Wie der Transport der Kinder organisiert würde, das sei eine andere Frage, denn das Theatergelände liegt außerhalb der Küstendörfer.

Und dieser Gedanke geht mir seit meiner Rückkehr nach Deutschland nicht mehr aus dem Sinn: Vielleicht findet sich ja hier eine Organisation, die ein solches Projekt fördern und finanzieren würde. Ich bleibe auf der Suche! Gewiss ist, dass die Daara-Kinder draußen im Theatergelände und im Kulturzentrum einen sehr geschützten und idealen Raum für ein solches Musik-Projekt hätten.

ES IST RAMADAN

Ich erlebe das Personal des Centre Culturel und die Menschen im Dorf während des Fastenmonats Ramadan. Es ist Mitte September, Regenzeit, ein sehr schwüles Klima, heiß, eine hohe Luftfeuchtigkeit erschwert das Atmen, die Haut klebt...
Es gibt wenig Christen im Umkreis – und das bedeutet, dass fast alle Menschen, mit denen ich täglich zusammenarbeite, fasten. Von 5:30 Uhr bis zum Sonnenuntergang wird 30 Tage lang weder gegessen noch getrunken. Hier im Dorf wird um 19:00 Uhr das Fasten gebrochen.
In den ersten Tagen fühlen sich alle schlapp und erschöpft, jeder möchte schlafen und sich ausruhen. Der Körper ist noch nicht an die Umstellung gewöhnt. Die tägliche Arbeit geht nur schleppend weiter. Ich habe einen großen Respekt davor!
Morgens früh und abends nach 19:00 Uhr wird sehr wohl ausgiebig gegessen, doch meine Freunde sagen mir, dass sie morgens um 5:30 Uhr wenig Appetit hätten und kaum etwas essen könnten, sodass der Hunger sich natürlich während des Tages wieder und wieder einstellt. Selbst das Trinken von Wasser ist nicht erlaubt, was in dem tropisch-heißen Klima natürlich einen enormen Verzicht bedeutet.
Es ist unglaublich, mit welcher inneren Gelassenheit und Selbstverständlichkeit die Senegalesen dies hinnehmen. Mittlerweile sind vier von dreißig Tagen vergangen, eine lange Durststrecke steht noch bevor.
Was machen diejenigen, die körperlich hart arbeiten? Gibt es eine andere Möglichkeit für sie? Die Musiker und Tänzerinnen hier sind ebenso konsequent beim Fasten wie das Personal. Ich begegne ihnen mit viel Zuspruch und komme mir fremd vor beim Essen, bin ich es doch gewohnt, mittags und abends mit einem Teil des Personals zusammen zu essen. Selbst wenn ich die Un-

terhaltungen während des Essens in Wolof kaum verstehe, so bin ich doch mitten unter ihnen, fühle mich wohl.

Glaube und Gebet werden hier in einer Offenheit und Natürlichkeit ins Leben integriert, die mich verblüfft. Fünf Mal am Tag werden Gesicht, Hände und Füße gewaschen, anschließend wird, meist auf einem kleinen Gebetsteppich, mit Blick gen Mekka, gebetet. Ein Ritual, das mit festgelegten Gesten einhergeht, mit Kniefall, Beugungen des Oberkörpers, mit seitlichem Blickwechsel. Ich ziehe mich zurück, wenn neben mir gebetet wird.

So manches Mal werde ich sogar ins Gebet mit eingeschlossen, z.B. als ich krank war. Man schenkt mir Kraft und Gesundheit! Ich fühle mich „zu Hause", fast als Familienmitglied.

Mittlerweile ist es fast 19:00 Uhr und ich höre ein Murmeln und bewegte Stimmen. Der Fastentag wird gebrochen. Ich werde mich nun unter die Menschen begeben und gemeinsam mit ihnen essen. Es verbleiben noch 25 Tage.

Die Intensität des Glaubens beeindruckt mich sehr. Allah wird ins Leben integriert, ganz selbstverständlich und natürlich. Ibrahima gehört zu den Artisten, die den Glauben sehr ernst nehmen und täglich mit der Sonne aufstehen. Er hat eine innere Disziplin, die ihn von Kind an geprägt hat. Ich spüre sein Gottvertrauen in jedem Moment unseres Zusammenseins. Allah ist gegenwärtig, und Ibrahima ist es, der mir durch sein Sosein eine Tür im Inneren öffnet, die mir selbst wieder Vertrauen zu Gott schenkt in einer tiefen Dimension.

Im Senegal begann ich mit der Praxis des Sahaj Marg, einer modernen Form des Raja Yoga. Bei dieser Meditation richtet sich mein Blick auf das göttliche Licht in meinem Herzen. Es ist ein schlichter Weg, der mich bis heute begleitet.

Ich glaube, dass die Natürlichkeit der Senegalesen im Umgang mit ihrem Glauben mich für diesen spirituellen Weg geöffnet hat.

Mein erstes Chanson, das in seiner Übersetzung einem Gebet ähnelt, entstand im Senegal, aus tiefer Dankbarkeit gegenüber dieser wiedergefundenen göttlichen Liebe. Ich singe es meist in Französisch: *Le jour ne s'lève pas seul – Kein Tag beginnt allein.*

Die Künstler summen die Melodie vor sich hin, wenn ich ihnen begegne, schmunzeln und sagen mir, dass dieser Song ja schon zum Ohrwurm geworden sei und sie ihn sehr mögen.

Kein Tag beginnt allein – Le jour ne s'lève pas seul

Kein Tag beginnt allein
Er wird getragen
Lasst uns gemeinsam
Unser freies Leben annehmen

Kein Tag beginnt allein
Er wird getragen
Seien wir in Dankbarkeit
Mit dem Göttlichen verbunden

Öffne unsere Herzen
Für den Frieden und die Liebe

Die Schönheit des Lebens
Von dir (Gott) geschenkt
Erhebt sich leicht wie ein Vogel
Über das Wasser

Du kennst uns
Unseren Weg und unser Schicksal
Mögen unsere Herzen dir jeden Tag
Einen kleinen Schritt entgegengehen

Öffne unsere Herzen
Für den Frieden und für deine Liebe

Mögen alle Künstler dieser Erde
Ihre Sprache und ihren Ausdruck finden
Mögen sie einen erfolgreichen Weg gehen
Durch deine Liebe

Unsere Herzen wenden sich dir zu
Jeden Tag einen kleinen Schritt
Lasst uns niemals vergessen
Dir dafür zu danken

SCHLAFE MEIN PRINZCHEN, SCHLAF EIN

Wer liebt sie nicht, die wunderschönen Wiegenlieder in den verschiedensten Sprachen dieser Welt. Ihre Wirkung beschränkt sich nicht einzig auf den Kontinent, auf dem sie entstanden sind. Eigentlich sollten sie nicht nur den Kleinsten vorenthalten sein. Warum sie nicht unserem Liebsten vorsingen, unseren Freunden? Wenn die Kinder mit ihnen so schnell zu beruhigen sind, wirkt dieses Phänomen sicher auch auf uns Erwachsene. Meinen Freunden singe ich gern etwas vor, doch die Wiegenlieder bleiben meist verborgen, es sei denn, die Kinder meiner Freunde gehen gerade ins Bett und sind kurz vor dem Einschlafen.

Schon während der Schwangerschaft nehmen alle Embryos im Mutterleib sehr viel wahr. Unsere Ohren sind als erstes Sinnesorgan schon im Mutterleib vollkommen entwickelt und so ist die Stimme der Mutter das Unmittelbarste, was sie wahrnehmen.

„Als heranwachsender Embryo leben wir in einer Welt aus Klang und Rhythmus. Der Pulsschlag des Herzens der Mutter, das Strömen ihres Atems und das Fließen des Blutes in ihren Adern sowie das Gewiegtsein durch ihre rhythmischen Gehbewegungen sind unsere erste intensive Rhythmusschulung, die unseren Weg in diese Welt prägt. Rhythmische Bewegungen sind eine Nabelschnur, die uns aus dem Jenseits ins Diesseits begleitet."[7]

Reinhard Flatischler

Leider weiß ich nicht, wie es sich anfühlt, selbst Mutter zu sein. Ich bin mir jedoch sicher, dass ich täglich singen würde für meine Kinder!

Unter den afrikanischen Liedern, die ich erlerne, entdecke ich so manche *Berceuse* (Wiegenlied) und ich beginne sie dort für die Kleinen zu singen. Babacar, der Sohn einer Tänzerin, schläft damit so manches Mal in meinen Armen ein. Wenn seine Mutter

Rachel in den Proben ist, setze ich mich mit ihm dazu, auch wenn der Abend schon angebrochen ist. Dann erblickt er Rachel und schläft unmittelbar ein, egal wie laut die Sabartrommeln und Djemben um ihn herum tönen. Die Vertrautheit seiner Umgebung lässt ihn sofort entspannen und einschlafen. Manchmal klappt es auch nicht so gut, dann gehe ich im wiegenden Schritt mit ihm spazieren und singe ihm ein Lied. Das *Lam lamo ssai* kennt er und es wirkt auf Anhieb! Manchmal singe ich auch das wunderschöne Lied vom *Sternanzündemann* oder das *Schlaf, Babacar, schlaf nur ein, bald kommt die Nacht.* Er lauscht und guckt mich verträumt an.

Alle Kinderlieder, besonders die Wiegenlieder, lassen uns in die Traumwelt hinübergleiten, ganz sanft und liebevoll. Die Stimme wirkt entspannend und beruhigend. Alles kommt zur Ruhe, wird losgelassen. Unser Inneres öffnet sich und wird weit, wir atmen entspannt. Die Kinder so friedvoll einschlafen zu sehen und sie in ihrem Atemrhythmus zu spüren, ist etwas Besonderes. Ich singe weiter und weiter, bis Babacar die Augen schließt.

So möchte ich das *Lam lamo ssai* auch an Sie weitergeben. Es ist wiederum so notiert, dass Sie es sprachlich leicht erfassen können. Das *ssai* wird zu Beginn scharf ausgesprochen, gleich einem ß.

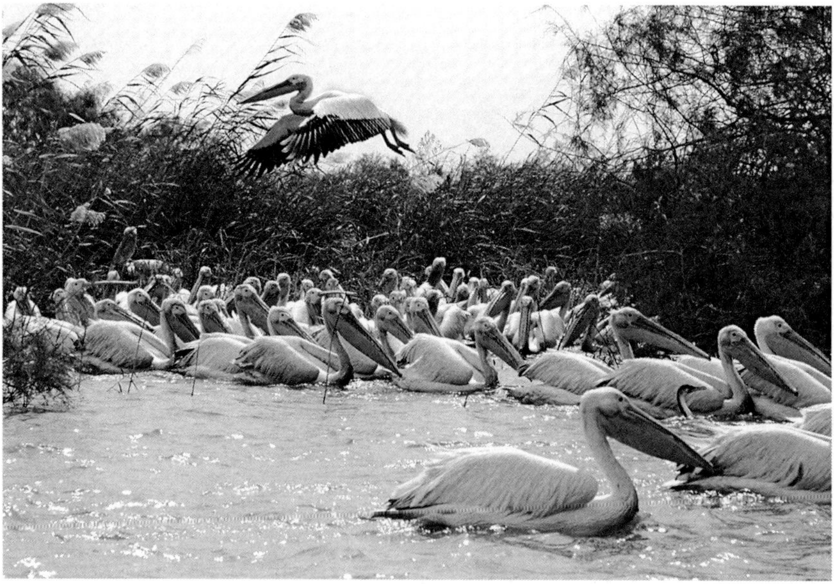

Lam lamo ssai

Lam la - mo, lam la - mo - lam la - mo ssai, baay bu - ran - gai ne - lau, lam la - mo ssai. So - dé - mé, so - dé - mé - so - dé - mé nga - ni - ko Fu - mu fa - nan naf - fa yen - do, lam la - mo ssai. Baay bu - ran - gai, baay bu - ran - gai, fu - mu fa - nan naf - fa yen - do, lam la - mo ssai.

Mein kleiner Prinz geh' schlafen.
Hier, wo du die Nacht verbringen wirst,
kannst du auch den Morgen verweilen.
Er ist gut für dich, dieser Ort.

In Afrika werden die Kleinen in bunte Tücher gewickelt und auf dem Rücken getragen. Die Mütter schwingen mit ihnen hin und her, sanft und anmutig, elegant und wie von selbst. Einen so natürlichen und schönen Ausdruck an Bewegung finde ich kaum in Europa. Egal ob auf dem Markt, während der Arbeit, im Gespräch mit anderen: Die Kleinen auf dem Rücken sind den Müttern immer nah, sie gehören zu ihrem Ausdruck und Gestus dazu, ganz automatisch und natürlich. Das ersetzt den schönsten Kinderwagen, den buntesten Schnuller, glauben Sie nicht?

Statt einer Wiege werden einfache Hängematten aus Tüchern zusammengeknotet, in denen die Kinder einschlafen können. Geschützt unter einem Mangobaum bei Vogelgezwitscher und den vertrauten Stimmen der Familie und der Nachbarn.

Ein weiteres Wiegenlied, das ich in Deutschland schon so vielen Kindern vorsang und das seine Wirkung unmittelbar zeigte, ist das *Ayo nenne*. Ich gebe Ihnen nur den ersten Teil des Liedes weiter, denn der Mittelteil fällt in seiner rhythmischen, melodischen und harmonischen Gestalt (die Tonart wird ganz verlassen) so sehr aus unserer Hörgewohnheit, dass ich mir erlaube, ihn wegzulassen.

Gleich einem Mantra, können Sie den vorliegenden Teil wieder und wieder singen, ohne dass er langweilig oder einfältig erscheint.

Die Wiederholung ist ein wesentliches Grundprinzip afrikanischer Musik. Die Lieder und Tänze kommen erst richtig zur Geltung, wenn sie vielfach wiederholt und getanzt werden. Musiker und Zuhörer tauchen dabei gleichermaßen tief in die Musik ein, und ihre volle Wirkung entfaltet sich erst dann in ihrer gesamten Gestalt und Schönheit.

Ayo nenne
Nenne kamuné kumbo
Abama tata faroto
Ayo nenne

Ayo – entspricht bei uns dem „eia popeia"
Schlaf ein mein Kind
Schlaf ein und weine nicht
Beruhige dich und schlafe ein

Hinweis: Das „nenne" wird wie „Henne" ausgesprochen.

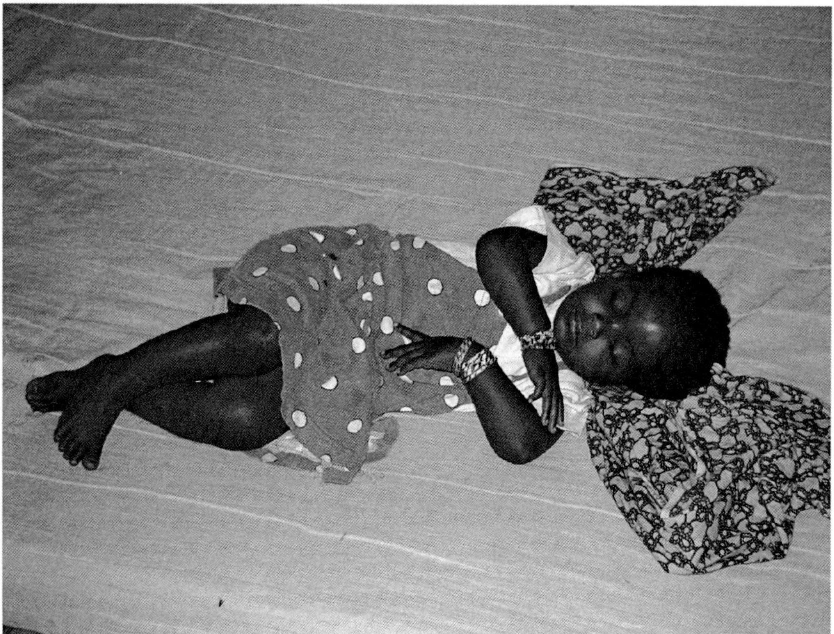

AYO nenne

A - yo_____ nen - ne,

nen - ne_____ ka - mu - né kum - bo. A -

ba - ma ta - ta fa - ro - to.

A - yo_____ nen - ne_____

Ähnlich erging es mir auch mit dem *Bébé Yo*, das ich von einem der vielen Gärtner erlernte. Er heißt auch Ibrahima und brachte es mir während meiner letzten Reise bei. Ich saß abends wie gewohnt mit allen Gärtnern zusammen, die das Gelände überwachten. Von der Terrasse aus genoss ich wieder den Blick zu den wunderschönen und bizarren Baobabs...

Und während wir einen *ataya* trinken, wandern meine Gedanken mehr und mehr zurück nach Europa, nach Deutschland, in mein gewohntes Leben, in die Schule zu meinen vielen Kindern, die ich unterrichte. Ich erzähle ein wenig von ihnen und dann singe ich das *Ayo nenne*. Ibrahima entgegnet mir, dass er seinen beiden Kindern zum Einschlafen das *Bébé Yo* singt. Er schaut mich an und singt es in Wolof für mich. Dann erzählt er mir, wovon es handelt, und ich beginne zu lächeln. Es ist so lebensnah und wahr. Ich erlerne es von ihm und dann beginnen wir dazu zu tanzen und uns zu drehen, immer schneller und schneller. Wir bilden eine kleine Schlange mit den anderen und singen, tanzen und lachen ohne Unterlass.

Baby, mein Baby schlafe ein.
Bei Tag und bei Nacht wirst du begleitet
(von deinen Eltern, den Erziehern, Lehrern, Freunden)
und bist nicht allein.
Und wenn wir uns im Leben
einmal voneinander trennen müssen,
werden wir traurig sein.

Ich denke an die vielen Kinder, die ich ja auch nur einen Moment ihres Lebens begleite. Eine kleine Kindergartengruppe in der Landschule Lüchow in Mecklenburg lernt das *Bébé Yo* ein paar Monate später von mir. Zum Ende der Rhythmikstunde liegen wir meist in Sternform am Boden. Unsere Köpfe bilden dabei die Mitte des Sterns und unsere Füße zeigen nach außen. Wir schließen die Augen und singen das Lied zum Abschluss zwei- bis dreimal, dann summen wir es noch einmal und lauschen hinterher in die Stille. Wir mögen es sehr und freuen uns schon vorher auf diesen Moment.

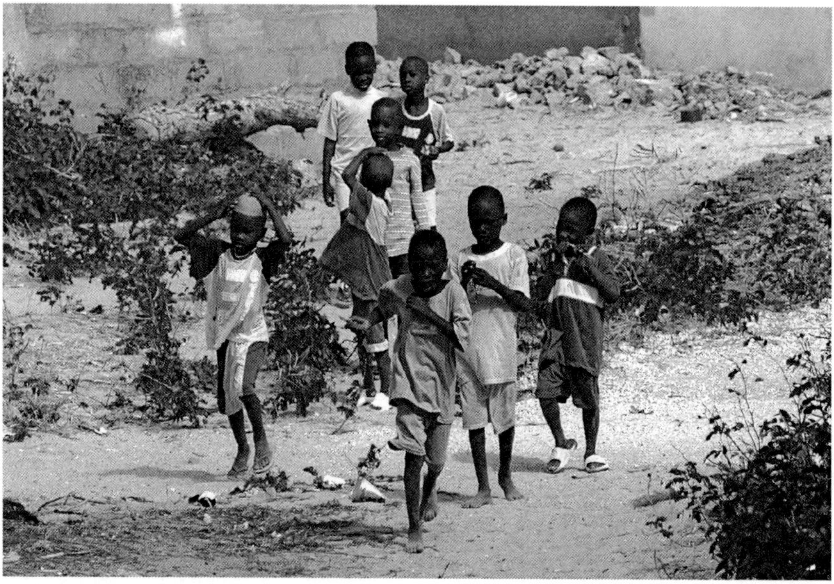

Bébé Yo

Bé - bé yo a bé - bé yo - la

Bé - bé yo a bé - bé yo - la

Gud - di, gud - di njun - la böd - jek, böd - jek njun - la

Ban - ju ta - go cha - le - i sun - ju ja - ram dao - na

DIE NATÜRLICHKEIT DES LEBENS

Hier in Deutschland gelingt es mir kaum, die Natürlichkeit Afrikas in mein Leben zu integrieren. Im Senegal wurden Energien in mir frei, die ich in dem Maße nicht kannte – punktuell schon, aber nicht in der Ausdauer und Stetigkeit. Meine Tage dort waren auch organisiert und zeitlich geplant, doch ich fühlte mich frei in ihnen und setzte ein Vielfaches von dem um, was mir in Deutschland gelingt. Natürlich spielt es eine wesentliche Rolle, dass das Leben in Westafrika sich ganztägig draußen abspielt, dass Sonne und Meer einen rundum verwöhnen und dass das Leben der Einheimischen immer mit Musik und Tanz begleitet wird.

Wenn ich eines in Afrika gelernt und tief erlebt habe, dann das spontane Miteinandersein, das „Im-Moment-Sein", das unkomplizierte und selbstverständliche „Jederzeit-Willkommensein". Die Ungezwungenheit, mit der man den Alltag dort bestreitet – kein Vergleich zu meinem Leben in Berlin.

Im Senegal wurde die Begegnung mit den Menschen verschiedenster Herkunft zu einer offenherzigen Art des Miteinanders. Diese Lebensqualität möchte ich als für mich besonders und unmittelbar bezeichnen. Die vielen Brücken zu all den Menschen, die ich kennenlernen durfte, wurden unmittelbar im Hier und Jetzt geschlagen – welch tiefe und positive Erfahrung!

Ob ich mit Kindern auf der Straße, am Strand oder anderswo in Kontakt kam, meistens waren sie neugierig und wir kamen in einen kleinen Dialog, spielten mit Steinen, Muscheln, schrieben mit einem Holzstück Buchstaben in den Sand, fingen an zu singen. Es sind Begegnungen gewesen, die Spuren in mir hinterlassen haben und nachwirken.

Ich stelle mir vor, dass ich in Deutschland an der Ampel stehe oder in der Straßenbahn sitze und die Kinder mit mir unmittelbar in Kontakt kommen. Ich stelle es mir vor und ich weiß, dass dies

kaum möglich sein wird, vor allem nicht mit Kindern, die mich nicht kennen.
Und wenn ich in der Berliner U-Bahn Afrikanern gegenübersitze, weiß ich, dass dieses anonyme europäische Leben absolut nicht ihrer Kultur entspricht. Sie tragen es, sitzen schweigsam in der Bahn und schauen ins Leere. Das trifft mich mitten ins Herz und auch ich bin in dem Moment nicht in der Lage, das Schweigen zu brechen.
Ich beobachte die Kinder hier auf der Straße, in der Stadt. Sie blicken mich kaum an, scheinen versunken in ihre Welt. Ich fühle mich fremd und denke an die Kinder der Casamance mit ihren offenen Blicken, ihrer Neugier und ihrer Freude, sich mitzuteilen.

ALLAH LAKÉ

Ich erwähnte schon in mehreren Erzählungen, dass die Präsenz Allahs im Senegal zu spüren ist. Der Glaube ist gegenwärtig, in den Alltag integriert, wird offen und natürlich praktiziert. Allah ist in allen Dingen. Die Animisten – 10 % leben vor allem in der Casamance – glauben an die Beseeltheit des gesamten Universums. Alles um sie herum verfügt über eine besondere spirituelle Kraft. Verehrt werden Schutzgeister, die sich in der Natur in Bäumen, Tieren, Höhlen, Felsen oder Quellen manifestieren. Auch Verstorbene können sich als Tier oder Baum offenbaren und somit weiter in die Gemeinschaft hineinwirken. Die jungen Männer werden oft monatelang – während der Initiationsriten – in ihre Tradition eingewiesen und damit als Erwachsene in die Dorfgemeinschaft aufgenommen.

Während dieser Initiationsriten weile ich in der Casamance. Die Lieder, die die jungen Männer in den *bois sacré* (den „Heiligen Wald" oder „Heiligen Hain") führen, haben eine unglaubliche Kraft. Vor allem die Frauen singen und begleiten die Lieder, indem sie kleine Eisenplatten oder Schlägel aus Eisen (von der Größe eines Mörsers) aneinanderschlagen, während sie singen. Dieses ohrenbetäubende Scheppern und Krachen – wie von hundert Schmieden – ist kilometerweit durch den Wald zu hören. An manchen der langen Fußmärsche durch den „Urwald" nehme auch ich teil. Die Wege sind durch die anhaltenden Regenfälle völlig aufgeweicht und zum Teil nicht mehr gut passierbar. Das ganze Dorf scheint jedoch auf den Beinen zu sein, tagelang. Eine unglaubliche Energie macht sich breit, die sich unmittelbar auf die jungen Männer zu übertragen scheint. Wir Frauen haben jedoch ab einem bestimmten Bereich im Wald keinen weiteren Zugang mehr zu denen, die initiiert werden. Auch als sie schon lange aus unserem Blick verschwunden sind, klingen die ohrenbetäubenden Klänge noch nach. Die Frauen bilden nun riesengroße Kreise und einige begeben sich teils in kleine Gruppen, teils allein in die Kreismitte. Aus dem Wald hört man Kanonenschüsse. Ich zucke regelrecht zusammen, als eine Kanone nur ein paar Hundert Meter neben mir explodiert. Die Frauen zwinkern mir zu, das seien „Kanonenschüsse der Freude", die ihren Jungs Mut machen und sie stärken würden.

Ich erlebe das Fest, das wochenlang andauert, auch an dem Tag, an dem die jungen Männer wieder ins Dorf zurückkehren. Die engeren Familienmitglieder sind mittlerweile aus allen Gegenden des Senegal angereist, um an den Feierlichkeiten teilzuhaben. Dort, wo ich untergebracht bin, schlafen und essen die Frauen getrennt von den Männern. Ich werde sehr herzlich eingeladen, bis in die Nacht mitzufeiern. Da das Haus überfüllt ist, schlafe ich mit ein paar jungen Menschen im Hof, nicht weit vom Brunnen entfernt, aus dem morgens schon ab fünf Uhr Wasser geschöpft wird.

Der Islam, wie ich ihn im Senegal erlebe, ist weniger dogmatisch, eher offen und tolerant. Nur 5 % der Bevölkerung bekennen sich zum christlichen Glauben. An Ostern nehme ich an einem katholischen Gottesdienst teil, der in der nur 5 km vom Kulturzentrum entfernten Gemeinde Popenguine gefeiert wird. Dieser Ort liegt genau wie Toubab-Dyalaw an der Atlantikküste (in südlicher Richtung). Der Pfarrer ist Franzose, die Gemeinde vollkommen mit Europäern und Senegalesen durchmischt. Ich erlebe diese Messe als recht stimmungsvoll, Trommeln klingen, mehrstimmige Lieder werden angestimmt, die mich an die Gesänge in Taizé erinnern. Alle singen mit und so manches Mal tritt ein Einzelner aus der Bankreihe und beginnt zu den Rhythmen zu tanzen. In einer katholischen Kirche bei uns wäre das undenkbar! In diesem Gottesdienst wird jedem die Hand gereicht, *alle* sind aktiv, in Bewegung, ganz offen und unbeschwert.

Ich lerne auch eine französische Familie kennen, die sich in diesem Jahr dazu entschied, ganz in den Senegal überzusiedeln. Ihre Kinder haben sich bereits mit den einheimischen Kindern angefreundet.

Das folgende Lied unterstreicht den Glauben im Senegal. Ich mag es sehr.

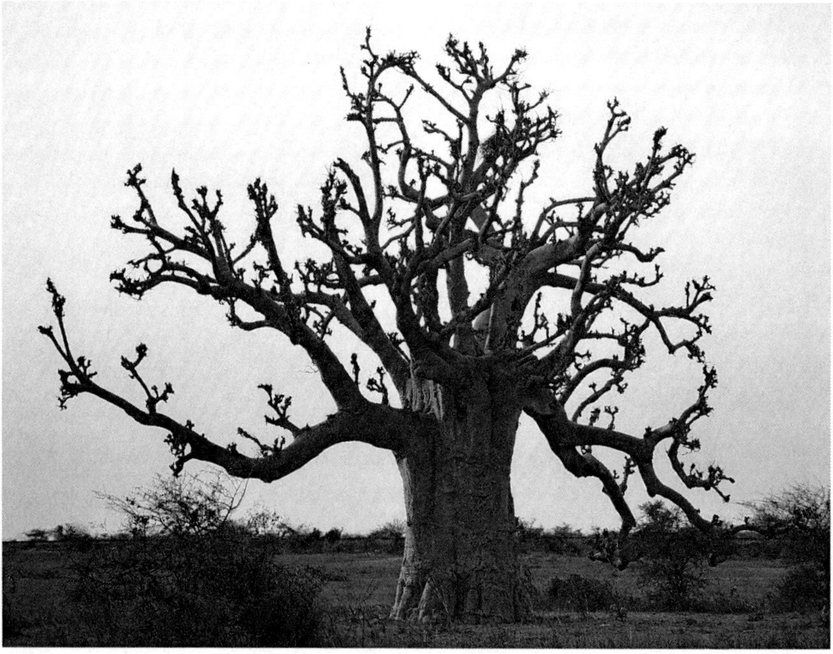

Allah laké

Al - lah la - ké mo-ma - ké
tiong ma - ké Al - lah
fa Al - lah
la - ké kuol - bé ka - ra-ba - i - lé Al - lah ba - ro tiong té - o-ba - i - la

ALLAH LAKÉ

Lied aus dem Süden des Senegal

Allah laké, mo maké, tiong maké Allah fa, Allah laké.
Kuolbé karrabailé, Allah baro, tiong téo baila.

Allah hat alles geschaffen, nicht der Mensch und niemand kann seine Werke aufhalten.

Hinweis: Das „tiong" wird am Ende etwas nasal ausgesprochen.

Dieses besondere Lied sang ich oft mit Dialli, dem Koraspieler des Kulturzentrums. Beim Betrachten des Notenbildes springen die Haltetöne gleich ins Auge. Ich habe es in einen 4/4-Takt eingebettet, um Ihnen das Lesen zu erleichtern. Empfinden Sie die Viertel jedoch als Halbe und fühlen Sie sich in einen 4/2-Takt ein, denn dieser Puls kommt dem Charakter des *Allah laké* am nächsten.

Man könnte annehmen, dass sich die Weite, die Größe und die Güte Gottes in diesen langen Tönen widerspiegelt.

Beim Singen oder Erlernen des Liedes sind es genau diese langgezogenen Noten, die besonderer Aufmerksamkeit bedürfen. Man täuscht sich in der Intensität und der Wirkung eines ausgesungenen Tones. In anderen Kulturen – wie zum Beispiel der indischen Musik – erscheinen Haltetöne ganz normal und selbstverständlich.

Übung: Wir stehen in eutoner Haltung, d.h. aufrecht und mit lockeren Knien, beide Füße in gutem Bodenkontakt. Nun summen wir einen vorgegebenen Ton in bequemer Lage und stellen uns dabei vor, dass wir die Schwingung dieses Tones mit den Augen mitverfolgen können, dass dieser Ton gleich einem Laserstrahl sichtbar wird. Wir verfolgen ihn bis zum Ende, fixieren schließlich einen Punkt in der Ferne, eventuell mit einem Blick aus dem Fenster.

Beim Ansingen des Tones ist nun darauf zu achten, dass wir unseren Atem gleichmäßig und ruhig fließen lassen. Wir versuchen ihn zart, jedoch bewusst anzusetzen, ohne Akzent, und führen ihn, solange unser Atem reicht. Dann atmen wir nach und beginnen von vorn, sodass ein endlos langer Ton entsteht – in der Gruppe bitte „chorisch" atmen, da jeder eine andere Luftkapazität hat.

Hinweis: Um die Klangfarbe zu verändern, nehmen wir mit jedem Ton, den wir neu ansetzen, einen anderen Vokal „in unser Blickfeld".

Übung aus der rhythmisch-musikalischen Erziehung: Wir kommen nun mit den gesungenen Haltetönen im Raum in Gang, halten kurz inne, wenn ein Ton zu Ende geht und verändern die Richtung mit jedem neu angesungenen Ton. Da jeder von uns ein anderes Atemvolumen hat, ergibt sich eine sich ständig kreuzende Menge, die zu den verschiedensten Zeitpunkten innehält und sich in neuen Linien im Raum aufeinander zubewegt, kreuzt oder aus der Bewegung zur Ruhe kommt. Gönnen Sie sich zwischendrin auch eine Pause in der Bewegung und hören Sie in diesem Moment in die Gruppe hinein, bevor Sie wieder in Gang kommen.

Übung: Wir teilen die Gruppe in zwei Hälften. Die eine beginnt mit der ersten Phrase *Allah laké* bis zum Halteton und hält ihn lange aus. In diesen Halteton singt die 2. Gruppe nun ein Echo, also eine Wiederholung des *Allah laké*. Wiederum in den letzten Ton hinein beginnt die erste Gruppe mit *mo maké*...

Hinweis: Damit die Einsätze nicht willkürlich starten, werden sie von einem Mitglied der Gruppe dirigiert.

In dieser „Hinhörübung" entstehen sowohl harmonische als auch „schräge" Zusammenklänge. Lassen Sie die Intervalle auf sich wirken und bleiben Sie aufmerksam lauschend dabei. Sie können Ihre Augen während dieser Übung auch geschlossen halten.

CALL	RESPONSE (Echo)
Allah laké	*Allah laké*
Mo maké	*Mo make*
Tiong maké	*Tiong maké*
Allah fa	*Allah fa*
Allah laké	*Allah laké*
Kuolbé karrabailé	*Kuolbé karrabailé*
Allah baro	*Allah baro*
Tiong téo baila	*Tiong téo baila*

Ein stets mitlaufender Rhythmus einer Djembé hilft, eine gewisse innere Struktur zu schaffen für die Einsätze der Gruppen, für Call und Response. Wir bewegen uns schließlich frei im Raum, kreuz und quer durcheinander und versuchen nach und nach unsere Einsätze ohne Dirigenten zu finden, unser Ohr auf die Djembé zu lenken und eine gewisse Symmetrie in die Liedphrasen zu bekommen.

Begleitrhythmus:

Oder Sie wählen einen Begleitrhythmus, der sich wie ein sicherer Puls unter die Haltetöne legt:

BEDEUTENDE AUTOREN DES SENEGAL

In den letzten Jahren fielen mir immer wieder bedeutende Bücher afrikanischer Autorinnen und Autoren in die Hände. Falls Sie sich nach diesem Buch weiter für die westafrikanische Kultur und die Konflikte zwischen den Kulturen interessieren, sind Sie hiermit eingeladen, ein paar bedeutende Schriftsteller kennenzulernen:

OUSMANE SEMBÈNE (1923–2007)
Senegalesischer Filmemacher und Autor

Während meines langen Aufenthaltes im Senegal, im Sommer 2007, verstarb der bedeutende Filmemacher und Autor Ousmane Sembène, auf den ich bis dahin noch nicht aufmerksam geworden bin. Ich las in der französischen Tageszeitung Dakars über ihn und wurde neugierig. Je mehr Artikel mir in die Hände fielen, umso aufgeschlossener wurde ich, denn dieser Mann – das bestätigten mir viele Einheimische, Musiker und Journalisten – hatte einen Grundstein in der afrikanischen Filmgeschichte gelegt. Mich beeindruckten die verschiedenen Statements aus allen Teilen der Welt: Seine Themen widmen sich der Geschichte des Kolonialismus, der Kritik an der neuen afrikanischen Bourgeoisie und der Stärke afrikanischer Frauen.

Afro Berlin – ein Forum, in dem verschiedene afrikanische *Communautés* (Gemeinden) Berlins Facetten ihrer kulturellen und politischen Aktivitäten präsentieren (Ausstellungen, Konzerte, Filmvorführungen und politische Diskussionen) – fand 2008 bereits zum dritten Mal statt. Ousmane Sembène wurde darin mit einer Präsentation mehrerer seiner Filme geehrt. Ich verfolgte auch die anschließenden Diskussionen und Auseinandersetzungen mit großer Aufmerksamkeit.

„Ich will alle unnötigen Worte und Reden entfernen und nur das Essentielle zeigen. Wenn Schweigen herrscht, können wir beginnen, mit der Kamera zu schreiben, Orte beschreiben, etwas anderes, hinter der Sprache Verborgenes zeigen. Alle meine Filme handeln von Afrika. Mir geht es darum, in meinen Filmen zu meinem Volk zu sprechen. Ich beziehe mich dabei auf eine genuin afrikanische Geschichte, unsere Kultur, unsere Philosophie und versuche darüber, die afrikanische Evolution zu beschreiben. Unsere Metaphern oder unsere Musik sind mit denen Europas nicht zu vergleichen. Daraus entsteht für mich allerdings kein Antagonismus. Ich betrachte es lediglich als eine Ergänzung, eine Fortführung der Menschheitsgeschichte. Trotzdem sind wir heute an einem Punkt in unserer Geschichte angekommen, an dem wir uns nicht mehr auf andere verlassen können. Unser Schicksal liegt in unseren eigenen Händen."[8]

Ousmane Sembène

MARIAMA BÂ (1929–1981)
Senegalesische Autorin

Ihre Romane beschäftigen sich mit den gesellschaftlichen Verhältnissen ihres Umfeldes und den daraus resultierenden Problemen wie dem der Polygamie oder der Unterdrückung der Frauen.

Ein so langer Brief ist ein erschütternder Aufruf gegen die Selbstaufgabe der Frau und die Tradition der Polygamie.

Der scharlachrote Gesang schildert die einfühlsame Ehe samt ihrem Scheitern zwischen einem senegalesischen Lehrer und seiner französischen Frau.

"Unsere Gesellschaft ist in ihren tiefsten Grundlagen erschüttert, hin- und hergerissen zwischen den Verlockungen importierter Unsitten und dem wilden Widerstand der alten Tugenden."[9]

Mariama Bâ

MARIE N'DIAYE (*1967 in Frankreich, lebt heute in Berlin) Frz. Schriftstellerin mit senegalesischen Wurzeln

Trois femmes puissantes (Drei starke Frauen) ist ein 2009 erschienener Roman, den ich kürzlich in Deutsch gelesen habe und den ich Ihnen nicht vorenthalten möchte: Der Blickwinkel, aus dem die Schriftstellerin drei Frauenschicksale zwischen Afrika und Europa beschreibt, ist sehr außergewöhnlich. Die verstrickten Gedanken, in die man sich während des Lesens wie in gewaltige Netze hineinversenken kann, die Bilder, Gefühle und Stimmungen, die Marie N'Diaye zwischen den Worten zu wecken versteht, sind unglaublich kraftvoll und komplex. Ich kann ihren Stil schwer in Worte fassen, doch ich bin tief bewegt und ergriffen von einer Sprache, der ich in solcher Intensität ganz selten begegnet bin. Ein Buch, das zu lesen sich wirklich lohnt. In den drei eigenständigen Geschichten herrscht eine besondere psychologische Dichte, die magisch, mystisch und doch real ist, die mitunter beklemmend wirkt und einem psychischen Drama ähnelt. Auf dem Umschlag lese ich: „Drei Schicksale zwischen Afrika und Europa. Drei Geschichten über Familie, Liebe und Gewalt" in fetten Lettern. Marie N'Diaye erhielt für diesen Roman die höchste literarische Auszeichnung Frankreichs, den Prix Goncourt 2009.

Marie N'Diaye spricht zwischenmenschliche Konflikte an, die sich hundertfach ähnlich abspielen könnten: Skandale, Dinge, die verschwiegen werden. Sie konfrontiert den Leser mit dem Missbrauch von Macht, mit Ungerechtigkeit, mit Gesetz und Moral.

YAAY AFRIKA

Ein Lied als persönliche Hommage
an die afrikanischen Frauen und ihren Kontinent

Während der langen Abende meiner Reise im Frühjahr 2010, in denen ich in der besonderen Atmosphäre des Theaters weile, kommt mir der Gedanke, ein Lied zu schreiben. Es soll Afrika gewidmet sein und sich an alle Mütter Afrikas und dieser Welt richten, wie genau, das weiß ich in dem Moment noch nicht.

Eine Melodie hierfür trage ich schon lange in meinem Innern, doch nie fand ich einen passenden Text dazu. Babacar, einer der Gärtner, der noch sehr jung ist, denkt sich ständig eigene Texte in Wolof aus, rappt sie, schreibt sie auf, feilt sie aus und manchmal trägt er sie mir auch vor. Ich spüre seine innere Suche in seinen Texten. Sie handeln von einem großen Respekt vor der Natur. Er erzählt mir von seiner Mutter, die er sehr achtet. Seine Hingabe und Ausdauer, mit der er seiner Arbeit nachgeht, ist bemerkenswert. Ich erkenne sein musikalisches Talent und stärke ihn darin, weitere Texte zu kreieren. Babacar vertraut mir seine Texte nach und nach an, wir diskutieren viel, tauschen uns aus. Ich singe ihm irgendwann meine Melodie vor und frage ihn, ob er sich vorstellen könne, Worte in Wolof für diesen Song zu finden. Ich habe inhaltlich eine Idee, doch sie ist noch nicht ausgefeilt. Er nickt und innerhalb der nächsten Tage entsteht der folgende Text:

YAAY AFRIKA

Oh Mama Afrika, oh Mama Afrika
Yaay aduna, yaay Afrika ak sunu yaay yo boi
Yaay Afrika
Ak sunu Yaay yo boi, yaay Afrika
Yaay aduna oh Mama Afrika.
Yalla dinaleen wootu ssamaleen
Téi, ssuba ak ssa ssuné!

Mutter Afrika
Mutter Erde und alle Mütter dieser Welt
Mutter Afrika
Mutter Erde und alle Mütter dieser Welt.
Möge Gott / Allah Euch schützen und zur Seite stehen
Heute, morgen und immer!

MEINE RÜCKKEHR AUS AFRIKA

Ich erinnere mich noch gut an meine Rückkehr damals (im Sommer 2007) nach dreizehn Monaten Aufenthalt im Senegal. Nach den zwei Monaten in 2010 und einem Kurzbesuch von drei Wochen im April 2011 fühlte es sich ähnlich fremd an, wieder auf europäischem Boden zu stehen. Die Menschen hier sind mir ein wenig fremd geworden – nicht meine Familie und meine Freunde, sondern allgemein die Menschen, die ich beobachte, in den Ämtern, auf der Straße. Ich tue mich unglaublich schwer, den ganzen Bürokratismus über mich ergehen zu lassen, und stehe dem Materialismus noch skeptischer gegenüber, als ich es ohnehin vorher schon tat. Dann sehne ich mich wieder ein kleines Stück zurück nach der Vertrautheit Afrikas.

Das, was ich wirklich vermisst habe, sind mein Klavier und meine Freunde. Ich wünschte mir sie oft an meine Seite. Und manchmal träumte ich von einem heißen Bad in der Wanne mit Duftölen und Kerzen, einem Espresso mit aufgeschäumter Milch...

Viele verstehen mich einfach nicht, wenn ich aus dem Senegal erzähle, weil sie nie mit Afrikanern oder der afrikanischen Kultur in Kontakt kamen, wirklich in Kontakt. Ich meine nicht die Urlauber, die nach Kenia oder Botswana auf Tiersafari gehen. Sie haben keinen näheren Kontakt zu der einheimischen Bevölkerung, und genau dort habe ich Dinge erlebt, die meines Erachtens in unserer Gesellschaft fehlen.

Ich habe über viele Wochen in traditionellen Familien gelebt, mit ihnen gekocht, gegessen, auch schwierige Momente mit ihnen durchlebt. Die Einfachheit dieser Menschen hat mich tief berührt, die Einfachheit und doch auch die Klarheit, mit der sie ihr Leben bestreiten, im Vertrauen zu Gott und in großer Dankbarkeit gegenüber dem Leben an sich und gegenüber der Natur.

Das Wort *Einsamkeit* existiert im Senegal nicht. Wenn ich mich mitunter zehn Tage „in die Einsamkeit" zurückzog, alleine arbeitete – ich aß lediglich mit den Gärtnern zusammen – und vom Dorfleben völlig abgeschieden war, dann fragten mich die Künstler völlig bestürzt, was ich denn so lange in der Einsamkeit tun würde und wie ich das aushalten könne. Ich erklärte ihnen, dass ich es einfach gewohnt sei, alleine zu arbeiten und dass die Natur und die Ruhe mir zudem einen großen inneren Halt gäben. Ich empfing skeptische und zweifelnde Blicke als Reaktion. Die Kinder im Ort und das Personal begrüßten mich nach dieser Zeit so herzlich, als sei ich lange fort gewesen, als kehrte ich von einer langen Reise zurück. Diese Herzlichkeit ist ganz offen und hat eine unglaubliche Tiefe.

Und nun bin ich wieder in Berlin, zurückgekehrt und doch noch nicht angekommen, und ich versuche – täglich – mich an meinen alten Lebensrhythmus zu erinnern. Es ist schwierig, mir einen winzigen Teil von der Ruhe, der inneren Gelassenheit und der Gabe, wirklich im Jetzt zu sein, zu erhalten, Tag für Tag.

Und wenn ich spüre, dass ich mir hier wieder fremd werde, dann sehe ich mir die herrlichen Bilder der wunderschönen Menschen Afrikas an, mit ihren strahlenden Augen und ihrer Neugier, ihrer Offenheit und ihrer Herzlichkeit. Und dann weiß ich, dass ich viel mehr gelernt habe, als ein wenig über ihre reiche Musikkultur. Ich habe gelernt, *anders zu sein* und ich habe erfahren, dass ich mir in den vergangenen Jahren viel nähergekommen bin als in all den Jahrzehnten zuvor.

Danke an alle, die ich kennenlernen durfte!

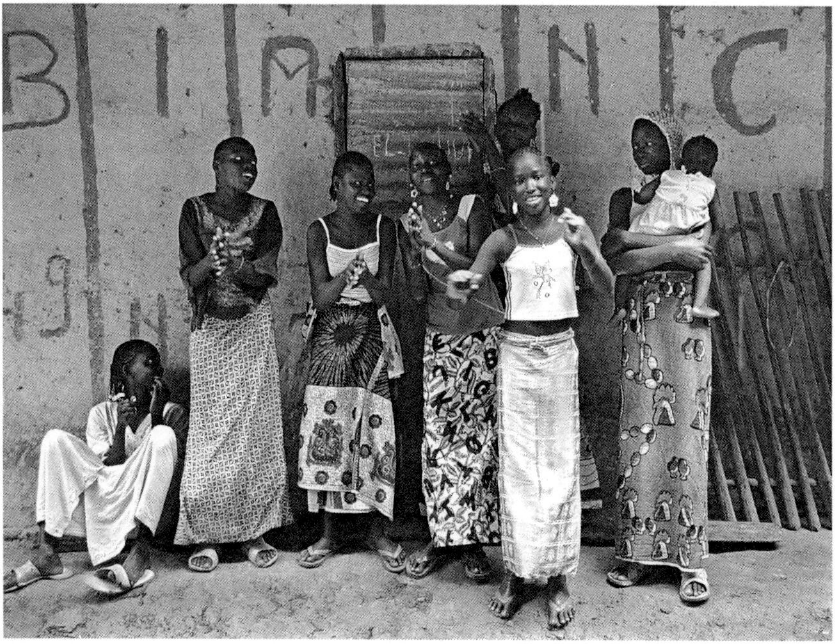

Gedanken von Nelson Mandela

*„Unsere Angst ist es nicht,
dass wir der Sache nicht gewachsen sein könnten.
Unsere tiefste Angst ist,
dass wir unmenschlich mächtig sind.*

*Es ist unser Licht, das wir fürchten,
nicht unsere Dunkelheit.
Wir fragen uns:
„Wer bin ich eigentlich, dass ich leuchtend,
hinreißend, begnadet und phantastisch sein darf?"*

Aber wer bist du denn, dass du es nicht sein darfst?

*Du bist ein Kind Gottes.
Wenn du dich klein machst, dient das nicht der Welt.
Es hat nichts mit Erleuchtung zu tun, wenn du dich
begrenzt, damit andere um dich herum sich nicht
verunsichert fühlen.*

*Du wurdest geboren, um die Ehre Gottes zu verwirklichen,
die in uns ist.
Sie ist nicht nur in einigen von uns –
sie ist in jedem Menschen.*

*Und wenn wir unser Licht erstrahlen lassen,
geben wir unbewusst auch den anderen Menschen
die Erlaubnis, dasselbe zu tun.*

*Wenn wir uns von unserer Angst befreit haben,
wird unsere Gegenwart ohne unser Zutun
andere befreien."* [10]

                                                       Marianne Williamson

*Nelson Mandela in seiner Antrittsrede als Präsident Südafrikas
(Mai 1994)*

Abschlussbemerkung zu den traditionellen Liedern des Buches:

Alle Lieder wurden mündlich an mich weitergegeben. Ich habe sie nach Gehör notiert und phonetisch „eingedeutscht", d.h. mit einem Text versehen, der für Deutschsprachige ganz einfach umzusetzen ist. Viele westafrikanische Sprachen sind bis heute nicht schriftlich erfasst, und so erlaubte ich mir eine freie Notationsweise, die dem Originalklang der verschiedenen westafrikanischen Sprachen sehr nahe kommt.

Die beiden Lieder *Fatou Yo* und *Salya* sind im Senegal sehr populär. Sollten sie anderswo notiert sein, kann es durchaus Abweichungen zu meinen Texten geben. Den Text des *Fatou Yo* entnahm ich dem Booklet der CD *Sili Béto* von Touré Kunda.

Ich möchte hiermit darauf hinweisen, dass eine Internetseite unter www.ingeborg-jaeger.de im Aufbau ist. Mir schwebt vor, alle Lieder dieses Buches aufzunehmen und sie Ihnen dort zur Verfügung zu stellen.

Noch ein wichtiger Hinweis zu einem typisch westafrikanischen Rhythmusmotiv, das in den Liedern *Fatou Yo* und *Agnasso* erscheint: Es geht um das im Buch mehrmals angesprochene Verhältnis von 3:3:2 wie in diesen beiden Rhythmuszeilen:

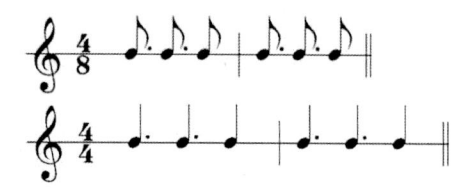

Mit folgenden Übungen können Sie den exakten Einsatz der zweiten Punktierung festigen: Klopfen Sie dabei mit beiden Händen auf Ihre Oberschenkel.

Ihre linke Hand übernimmt zunächst einen gleichmäßigen Puls – im 4/4-Takt wäre das die Viertelnote. Die rechte Hand klopft nun den Rhythmus der oberen Zeile.

Sprechen Sie mit: „beid-links-rechts-links-beid"

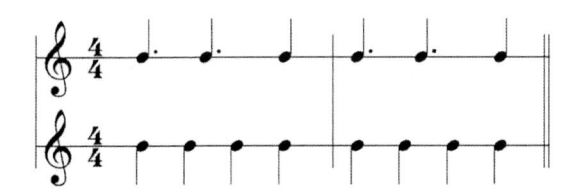

Dies funktioniert natürlich auch im schnelleren Tempo:

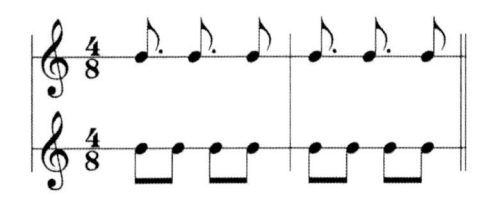

Folgende durchlaufende Pulsation unterstreicht die Punktierungen zusätzlich. Die acht Achtel im Takt werden dabei akzentuiert:

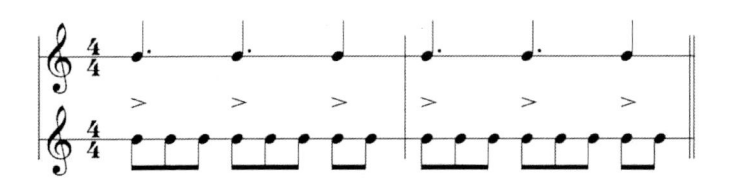

Unterlegen Sie die durchlaufenden Achtel nun mit Worten im Silbenverhältnis von 3:3:2, beispielsweise wie folgt:

„Se-ne-gal, Se-ne-gal, To-go" oder „A-na-nas, A-na-nas, Man-go"

Literaturangaben:

[1] *„Wolfssonate"* von Hélène Grimaud, S. 66
[2] *„TaKeTiNa – Rhythm for Evolution",* R. Flatischler, Glossar
[3] *„TaKeTiNa – Rhythm for Evolution",* R. Flatischler, S. 162
[4] Sir Charles Fox war ein engl. Bauingenieur (1810–1874).

[4/5/6/8/9] Die Zitate von und über Youssou N'Dour, Mariama Bâ, Ousmane Sembène und Charles Fox sind allgemein zugänglichen Zitatensammlungen entnommen, die das Internet ohne weitere Quellenangaben zur Verfügung stellt.

[7] *„TaKeTiNa – Rhythm for Evolution",* R. Flatischler, S. 84

[10] Übersetzung aus *„Return to love"* von Marianne Williamson. Nelson Mandela zitierte M. Williamson im Mai 1994 in seiner Antrittsrede als Präsident von Südafrika.

Literaturempfehlung:

Bâ, Mariama: Ein so langer Brief – ein afrikanisches Frauenschicksal. List-Verlag 2002 / *Der scharlachrote Gesang* – Roman. Fischer-Verlag 1990

Kapuscinksi, Ryszard: Afrikanisches Fieber – 40 Jahre als Auslandskorrespondent in Afrika. Eichborn 1999

Kourouma, Ahmadou: Der letzte Fürst – Roman über den Machtmissbrauch der neuen afrikanischen Führungsschichten. Peter Hammer Verlag Wuppertal 2004. Seine Sprache gleicht „*dem Gesang der Jäger und Magier, mit denen er aufwuchs*", Le Monde

Kunda, Jali: Die Griots Westafrikas und der übrigen Welt – Buch und CD. Ellipsis arts 1996

Mankell, Henning: Der Chronist der Winde – Roman über die afrikanische Gegenwartsgeschichte aus der Sicht eines Straßenkindes. dtv 2005 / *Tea-Bag* – Roman über ein schwarzes Flüchtlingsmädchen aus dem Sudan. dtv 2005 / *Die flüsternden Seelen* – Geschichten und Schicksale, die Erlebtes mit Mythen, Legenden, Vergangenheit und Zukunft vermischen. dtv 2009

N'Diaye, Marie: Drei starke Frauen. Suhrkamp Verlag 2010

Nayan, Nina: Im Senegal – die afrikanische Variante des Glücks. Wiesenburg 2008

Ott, Thomas / Konaté, Famoudou: Rhythmen und Lieder aus Guinea. Institut für Didaktik populärer Musik 1997

Ricciardi, Mirella: Mein Afrika – *ein afrikanisches Tagebuch in faszinierenden Bildern.* Heyne-Verlag

Schütz, Volker: Musik in Schwarzafrika. Institut für Didaktik populärer Musik 1992

Saro-Wiwa, Ken: Die Sterne dort unten – 19 Erzählungen des nigerianischen Schriftstellers und Bürgerrechtlers. dtv 1996

Sembène, Ousmane: Xala. Die Rache des Bettlers. Peter Hammer Verlag, Wuppertal 1979 / Les bouts de bois de Dieu, 1960. *Gottes Holzstücke.* Lembeck – Frankfurt am Main 1988 / *Guelwaar* – Ein afrikanischer Heldenroman. Peter Hammer Verlag 1997

Somé, Sobonfu: Die Gabe des Glücks – Westafrikanische Rituale für ein anderes Miteinander. Orlanda 2002

Watson, Pamela: Der Traum von Afrika – 15.000 km mit dem Fahrrad unterwegs durch 17 Länder Afrikas. Frederking & Thaler 2002

Ich empfehle Ihnen schließlich die von André Heller ins Leben gerufene Zirkusshow *AFRIKA! AFRIKA!* Ein magisches Zirkusereignis mit Schlangenmenschen, Musikern und hochkarätiger Akrobatik.

Kinderliederbücher und CDs zum Thema Afrika:

- *Karibuni Watoto – Pit Budde (CD 2004)*
  gleichnamiges Buch zur CD: Afrika spielend entdecken (ideal für Projekte)
- *Afrika bewegt uns – Johnny Lamprecht (CD 2009)*
  gleichnamiges Buch zur CD – auch für Grundschulkinder
- *Tanzfest im Regenwald von Afrika – Autor: Kuntu*
  Afrikanische Kinderlieder, Tänze und Wechselgesänge
- *Nelson Mandela: Meine afrikanischen Lieblingsmärchen*
  dtv 2008

Ich danke...

meiner Freundin **Alexandra Harzer**, *die mir die wunderbare Idee schenkte, dieses ganz persönliche Buch zu schreiben.*

meiner Cousine **Ira Janzen** *für ihre große Begeisterungsfähigkeit (nicht nur für Afrika) und ihre unermüdliche Motivation.*

allen afrikanischen KünstlerInnen, insbesondere Herrn **Gérard Chenet** *und Frau* **Sylvaine Roux**, *die mir unendlich viel Freiraum für mein musikalisches Wirken im Senegal ließen.*

Herrn Werner Schmid *sowie den Mitarbeitern des Wiesenburg-Verlages für die gute Zusammenarbeit.*

der **Strecker-Stiftung in Mainz** *für die großzügige finanzielle Unterstützung dieser Erstausgabe.*

meiner Freundin **Carolin Brucklacher,** *die sich voller Elan an die erste und damit schwierigste Korrektur des Buches wagte.*

meiner lieben Schwester **Ruth Stoltenberg** *für ihren spontanen Besuch im Senegal, ihre intensive Mitgestaltung des Fototeils und die Zurverfügungstellung vieler eigener Fotos.*

meinem Freund **Peter Mohrs** *sowie Herrn* **Dr. Rainer Mohrs** *für die letzten Korrekturen bezüglich der Notationsweise der Lieder.*

meiner Berliner Freundin **Regina Klautschek** *für ihre unentwegte innere Unterstützung während des Schreibens.*

Ingeborg Jäger